1 대 100 시리즈 02
초등학생 100명이 묻고 최고의 전문가가 답하다
1 대 100 로봇 오준호 박사

초판 1쇄 발행 2013년 5월 15일
초판 5쇄 발행 2016년 6월 10일

콘텐츠 | 오준호
글 | 서지원 그림 | 김세중
펴낸이 | 연준혁
스콜라 부문대표 | 황현숙

책임 편집 | 배재성
인터뷰 진행 | 이정은
편집 진행 | 이정아

펴낸곳 | ㈜위즈덤하우스
출판등록 | 2000년 5월 23일 제13-1071호
제조국 | 대한민국 주소 | 경기도 고양시 일산동구 정발산로 43-20 센트럴프라자 6층
전화 | (031)936-4000 팩스 | (031)903-3891
전자우편 | scola@wisdomhouse.co.kr 홈페이지 | www.wisdomhouse.co.kr
스콜라카페 | http://cafe.naver.com/scola1.cafe

ⓒ오준호, 서지원, 이정은, 2013
ISBN 978-89-6247-374-2 74300 ISBN 978-89-6247-345-2(세트)

※ 이 책은 저작권법에 따라 보호받는 저작물이므로 무단전재와 무단복제를 금지하며,
   이 책 내용의 전부 또는 일부를 이용하려면 반드시 저작권자와 (주)위즈덤하우스의 동의를 받아야 합니다.
※ 잘못된 책은 바꿔 드립니다. ※ 이 책의 사용 연령은 8~13세입니다.
※ 스콜라는 (주)위즈덤하우스의 아동·청소년 브랜드입니다.

국립중앙도서관 출판예정도서목록(CIP)

1 대 100 : 로봇 오준호 박사 / 글: 서지원 ; 그림: 김세중. ─ 고양 : 위즈덤하
우스, 2013
  p. ;   cm. ─ (1 대 100 시리즈 ; 02)

표제관련정보: 초등학생 100명이 묻고 최고의 전문가가 답하다
ISBN 978-89-6247-374-2 74300 : ₩11000
ISBN 978-89-6247-345-2(세트) 74300

로봇[robot]
559-KDC5 CIP2013005292

1대 100

로봇 오준호 박사

초등학생 100명이 묻고
최고의 전문가가 답하다

콘텐츠 **오준호** | 글 **서지원** | 그림 **김세중**

머리말

로봇 과학자가 되려면 무엇을 해야 할까요?

　어린이 여러분, 안녕하세요? 저는 휴보 아빠라고 불리는 오준호입니다.

　로봇을 모르는 어린이는 거의 없지요? 만화, 영화 그리고 장난감을 통해서 로봇은 우리 어린이들과 매우 친근한 대상이지요. 그러나 로봇하면 악당을 혼내 주는 로보트 태권브이 같은 전투용 로봇이나 공상과학영화에서 나오는, 인간에 대항해서 반란을 일으키는 미래 로봇을 먼저 떠올리기 마련입니다. 이처럼 로봇이 전쟁이나 폭력 같은 부정적인 소재로 많이 쓰이고 있어서 마음이 아픕니다.

　로봇은 인간이 할 수 없는 어려운 일을 대신하기 위해서 개발된, 인간을 위한 도구입니다. 어떤 프로그램을 쓰느냐에 따라 우리의 친구가 될 수도 있고, 공포의 대상이 될 수도 있습니다. 마치 칼을 가지고 범죄자는 나쁜 짓을 하지만 외과의사는 환자의 목숨을 구하는 것처럼 말이에요. 로봇을 좋은 방향으로 연구, 발전 시켜서 우리의 생활을 편리하게 만드는 것은 이 책을 읽고 장차 로봇 과학자가 될 어린이 여러분의 역할이 되겠지요?

　로봇은 인간과 정반대의 성향을 가지고 있습니다. 아마도 미래 사회는 로봇과 인간이 서로의 부족한 부분을 도우며 사는 사회가 될 것입니다. 저는 어린이 여러분이 로봇을 통해서 자신과 성격이 다른 친구, 능력이 다른 친구와 서로의 다름을 인정하고, 협동하며 배려하는 것을 배우기를 바랍니다. 미래에는 로봇과 함께 그렇게 살아야 할지도 모르니까요.

　어떤 분들은 걱정하지요. 미래 사회에 로봇이 똑똑해지면 사람이 할 일이 너무 줄어들 것 같다고요. 로봇이 사람이 할 일을 다 뺏어 버리면, 사람은 일자리가 없어지는 것이 아니냐고요. 로봇은 앞으로 사람에게 불가능한 일, 사람이 하기 어려운 일, 사람이 하기 싫은 일을 대신해 줄 거예요. 그러니까 로봇 때문에 일자리가 없어질까 봐 걱정할 필요는 없어요. 로봇이 많은 일을 하는 만큼 그에 따라 로봇이 할 수 없고 사람만이 할 수 있는 새로운 일자리가 늘어날 테니까요.

　도대체 로봇은 무엇이고, 어떻게 만들까요? 그리고 장차 로봇 과학자가 되려면 무엇을 해야 할까요? 로봇에 관한 어린이 여러분의 모든 궁금증을 풀어 주기 위해 이 책을 펴내게 되었습니다. 특히 장래에 로봇 과학자를 꿈꾸는 친구들이 지금부터 올바른 가치관을 가지고 한 걸음씩 꿈을 향해 도전해 가는데 이 책이 도움이 되었으면 좋겠습니다.

　꿈꾸고, 노력하고, 도전하면 어린이 여러분 모두가 세계 최고의 로봇 과학자가 될 수 있습니다. 열정을 가지고 자기가 좋아하는 방향으로 전진하는 사람 앞에는 어떤 천재도 당해 낼 수가 없습니다. 이 책이 어린이 여러분의 꿈을 실현하는데 작은 촉매제가 되기를 기대합니다.

휴보아빠 오준호

차례

머리말 로봇 과학자가 되려면 무엇을 해야 할까요? …4

1부 로봇은 어떻게 움직일까요?

1. 로봇은 왜 항상 삐리삐리 소리를 내나요? …17
2. 자동차랑 헬리콥터도 다 로봇을 크게 만든 건가요? …18
3. 로봇 청소기는 정말 로봇인가요? …18
4. 자동카메라는 로봇이 아닌가요? …20
5. 로봇은 사람처럼 생겨야 하나요? …21
6. 로봇 과학자들은 어떻게 로봇의 모양을 생각해 냈을까요? …22
7. 로봇이란 이름은 누가 만들었나요? …23
8. 로봇이 탄생한 이유를 알고 싶어요 …24
9. 로보트 태권브이가 로봇이 아니라는데, 사실인가요? …25
10. 공장에서 일하는 기계도 로봇인가요? …26
11. 로봇은 얼마나 비싼가요? …27
12. 로봇이랑 장난감은 어떻게 달라요? …30
13. 최초의 로봇은 어떤 것인가요? …31
14. 우리나라에서 만든 최초의 휴머노이드 로봇은 어떤 건가요? …32
15. 우리나라 로봇의 역사를 알고 싶어요! …33
16. 사람이랑 똑같은 인조인간이 있다고 하던데요? …35
17. 로봇이 두 발로 걷는 게 어려운가요? …35

⑱ 로봇은 비싼가요? …37
⑲ 로봇은 어떻게 돌봐야 하나요? …40
⑳ 로봇의 몸에서 가장 중요한 부분은 어딘가요? …41
㉑ 로봇도 잘못하면 감옥에 가나요? …42
㉒ 로봇도 거짓말을 할 수 있어요? …43
㉓ 로봇이 제 마음을 이해할까요? …45
㉔ 제가 질문하면 척척 대답해 주는 로봇이 있나요? …45
㉕ 로봇은 어떻게 말을 할 수 있나요? …46
㉖ 아시모와 휴보가 싸우면 누가 이기나요? …47
㉗ 로봇이 사람을 공격할 수도 있나요? …49
㉘ 로봇도 바이러스에 감염될 수 있나요? …50
㉙ 로봇이 오작동을 하면 핵전쟁을 일으키지 않을까요? …51
㉚ 사람처럼 로봇이 감정을 느끼게 할 수 있나요? …52
㉛ 로봇은 어떻게 사람처럼 움직이나요? …53
㉜ 로봇의 뇌는 어떻게 만드나요? …55
㉝ 로봇의 작동 원리를 알고 싶어요. …55
㉞ 로봇은 눈과 귀, 코가 없는데 어떻게 보고 소리를 듣나요? …57
㉟ 아주 멀리서도 로봇을 조정할 수 있을까요? …58

2부 다양한 로봇의 종류

- ㊱ 전기말고 다른 것을 먹는 로봇도 있나요? …67
- ㊲ 사람 몸의 일부를 로봇으로 만들 수 있나요? …67
- ㊳ 전투 로봇은 어떤 건가요? …69
- ㊴ 사이보그는 실제로 있나요? …69
- ㊵ 바닷속을 지키는 로봇이 있다고 들었어요 …70
- ㊶ 로봇은 추운 극지방, 더운 열대 지방에서도 살 수 있을까요? …71
- ㊷ 로봇도 의사처럼 사람을 수술할 수 있어요? …74
- ㊸ 입는 로봇이 만들어진다고요? …74
- ㊹ 신기하고 놀라운 로봇이 있으면 소개해 주세요. …75
- ㊺ 로봇이 할 수 없는 일은 어떤 것이 있나요? …76
- ㊻ 로봇에게도 법이 있나요? …77
- ㊼ 최초의 로봇은 어떤 모양이었나요? …79
- ㊽ 로봇은 어떤 센서를 갖고 있나요? …82
- ㊾ 로봇에게는 신분증이 없나요? …83
- ㊿ 눈에 보이지 않는 작은 로봇이 있다고 들었어요. …84
- 51 전투 로봇은 사람 대신 어떤 일을 하나요? …85
- 52 로봇도 사람처럼 트림하거나 방귀를 뀌게 할 수 있나요? …87
- 53 사람처럼 친근감 있는 로봇을 친구로 가지고 싶어요 …87
- 54 로봇은 올림픽에 나가면 안 되나요? …88

55 로봇은 스포츠를 할 수 없나요? …**89**
56 로봇 종류가 많다고 하는데, 어떤 로봇들이 있나요? …**90**
57 숙제를 대신해 주는 로봇이 있나요? …**92**
58 로봇끼리만 살 수 있을까요? …**93**

3부 로봇과 꿈

59 움직이는 로봇을 만들고 싶은데 어려운가요? …**101**
60 로봇을 만들려면 어떤 공부를 해야 할까요? …**106**
61 기계를 분해해서 열어보고 싶어요 …**106**
62 댄스 로봇은 어떻게 만드신 거예요? …**107**
63 로봇 영재가 되려면 어떻게 해야 하나요? …**108**
64 어렸을 때 박사님은 공부를 잘하셨나요? …**109**
65 말 잘 듣는 로봇은 언제쯤 나올까요? …**112**
66 박사님은 초등학생 때 과학 점수를 잘 받으셨나요? …**113**
67 로봇 과학자가 되고 싶은데, 과학 과목만 잘하면 될 수 있나요? …**113**
68 박사님은 로봇을 왜 만들게 되셨나요? …**114**
69 로봇을 만들기 전에는 어떤 걸 연구하셨나요? …**116**
70 어렸을 때 로봇과 비슷한 것을 만들어 본 적이 있으신가요? …**117**
71 왜 로봇은 여자아이들은 잘 안 만드나요? …**117**

72 로봇에 대해서 알려면 어떤 걸 공부해야 하나요? ⋯118
73 로봇 얼굴이나 몸의 모양은 누가 디자인하나요? ⋯119
74 우리나라에도 로봇 공장이 있어요? ⋯120
75 로봇들을 보려면 어디로 가야 하나요? ⋯120
76 로봇에 관한 직업에는 어떤 것들이 있어요? ⋯122
77 로봇공학과 전자 공학은 어떻게 다른가요? ⋯123
78 로봇과 전자제품 만드는 것이 비슷한가요? ⋯123
79 로봇만 전문적으로 가르쳐 주는 대학교가 있나요? ⋯125
80 로봇을 만드는 데 돈이 얼마나 들까요? ⋯130
81 인공지능에 대해 궁금해요 ⋯130
82 로봇을 개발하는데 있어서 일본보다 우리나라가 더 앞선 기술에는 무엇이 있나요? ⋯131
83 아인슈타인처럼 천재 로봇을 만들 수 있나요? ⋯133
84 로봇이 새로운 것을 발명할 수 있나요? ⋯135
85 로봇이랑 사람이랑 두뇌 대결을 하면 누가 이길까요? ⋯136

4부 새로운 로봇의 미래

86 트랜스포머나 건담을 진짜 만들 수 있나요? ⋯145
87 제가 어른이 되면 어떤 로봇들이 나올까요? ⋯145

88 미래에는 어떤 로봇이 생길까요? ⋯146

89 리모컨, 카메라, 자동차가 로봇이 될 수 있나요? ⋯148

90 로봇도 놀고 싶을까요? ⋯149

91 로봇이랑 같이 학교를 다닐 수 있을까요? ⋯149

92 조선시대에도 로봇이 있었다고 하던데, 정말인가요? ⋯150

93 내가 타고 조종할 수 있는 로봇을 만들 수 있는지 궁금해요 ⋯151

94 진짜 강아지 같은 로봇이 나왔으면 좋겠어요 ⋯153

95 미래에는 로봇들이 집안일을 대신할까요? ⋯154

96 로봇도 컴퓨터처럼 바이러스에 감염될 수 있나요? ⋯155

97 로봇끼리 모여서 살 수 있나요? ⋯156

98 로봇과 사람이 결혼하는 시대가 올까요? ⋯157

99 앞으로 어떤 로봇을 만드실 건가요? ⋯158

100 로봇공학자가 되고 싶은 저희에게 해주고 싶은 말씀이 있나요? ⋯158

작가의 글 영원히 죽지 않는 인간의 시대 ⋯164

1대 100 로봇 연구소에 오신 것을 환영합니다!

　미래의 로봇 박사님들, 로봇 연구소에 오신 여러분을 환영합니다.
　제 이름은 오준호. 사람들은 저를 '한국 로봇의 아버지'라고 부릅니다. 제가 만든 로봇들이 그만큼 놀랍고 신기하기 때문이겠지요. 물론 저보다 훌륭한 로봇 박사들은 많습니다. 하지만 저만큼 로봇을 사랑하는 박사는 많지 않습니다. 로봇이야말로 제 인생의 꿈이자, 목표면서, 희망이니까요. 그래서 저는 로봇의 아버지로 불리는 것을 대단한 영광으로 여깁니다.
　아참, 제가 탄 이 로봇이 멋지다고요? 로보트 태권브이 같다고요? 이 로봇은 휴보 FX-1입니다. 90kg까지 태울 수 있고 여러분도 조종할 수 있지요. 물론 제가 만들었습니다! 하하하! 타보고 싶나요? 태워 줄까요, 말까요? 생각 좀 해보고요.
　여러분은 비보이처럼 힙합 춤을 출 줄 아나요? 보세요! 우리나라 최초의 비보이 로봇, 휴보의 힙합 춤을! 두 발로 스텝을 밟으면서 양팔을 휘저으며 골반을 비틉니다! 저보다 춤을 잘 추지요? 사람보다 운동 능력이 뛰어난 로봇이 이제 여러분의 눈앞에 나타날 것입니다! 아, 그런데 사고 싶다고요? 휴보가 얼마냐고요? 제 아들 같은 로봇인데 팔 수는 없지요.
　우리는 이미 로봇의 시대에 살고 있습니다. 그런데 우리 주변에 로봇이 안 보인다고요? 왜냐하면 지금까지 개발된 로봇들은 인간을 닮은 로봇이 아니기 때문이지요. 하지만 앞으로 인간형 로봇들이 대량 생산이 될 것입니다. 머지않아 승용차 가격 정도면 인간형 로봇을 사서 집안에 들여 놓을 수 있겠지요.

미래의 로봇 박사님들, 이제 저를 따라 연구소를 돌아 볼까요?
여러분들이 궁금해하는 로봇의 모든 것을 제가 해결해 드리겠습니다.
저는 한국 로봇의 아버지니까요.

저는 로봇이 세상에 필요한 이유를 세 가지로 꼽습니다.
첫째는 인간이 하기 싫은 일을 위해서고,
둘째는 인간이 하기 힘들어 하는 일을 하기 위해서이며,
셋째는 인간이 할 수 없는 불가능한 일을 하기 위해서입니다.
그런데 그런 로봇이 사람을 지배할 수 있을까요?
저는 불가능하다고 봅니다. 아무리 로봇의 지능이 뛰어나다고 하더라도
인간의 지능을 뛰어넘을 수는 없습니다.
로봇의 지능은 로봇을 만들고, 로봇에게 능력을
부여하는 인간에게 달려 있으니까요.

로봇은 왜 항상 삐리삐리 소리를 내나요?

100명의 꼬마 박사님들이 모이셨군요. 로봇에 대한 어떤 질문을 해도 좋으니까 마음껏 물어보세요. 저는 날카로운 질문, 도저히 답변하기 어려운 질문을 더 좋아합니다. 세상의 모든 로봇에 관한 질문에 대해 속 시원하게 답변해 드리겠습니다.

1 로봇은 왜 항상 삐리삐리 소리를 내나요?

만화나 영화를 보면 로봇은 움직이면서 삐리삐리 하는 소리가 나잖아요. 왜 다른 소리 말고 삐리삐리 소리만 해요? 으갈갈갈, 우히히히 같이는 못하나요?

로봇이라고 모두 삐리삐리 소리를 내는 건 아니에요. 로봇은 삐리삐리 같은 소리를 안 내고도 움직일 수가 있습니다. 그런데 사람들은 로봇이 로봇다워야 한다고 생각해요. 그래서 만화나 영화 속의 로봇은 삐리삐리 하는 소리를 내며 움직이는 거지요.

요즘 만든 로봇은 사람과 거의 비슷한 목소리로 말하기 때문에 구별을 하기 힘들어요. 컴퓨터가 만들어 낸 말이지만 자연스럽습니다. 제가 만든 로봇 휴보가 말하고 인사를 하는 것을 보세요. 제가 타이핑을 치면 휴보가 스스로 말을 합성해서 영어든 한국말이든 다 해 줘요. 로봇의 몸 안에 말하는 기능이 있기 때문에 특정 조건의 자극이 로봇에게 가해지면, 그것에 맞는 소리 데이터를 내보내는 것이지요.

2 자동차랑 헬리콥터도 다 로봇을 크게 만든 건가요?

이런 기계들을 모두 로봇이라고 말해도 되나요?

로봇이란 혼자서 작업이나 주어진 임무를 수행할 수 있는 기계 장치를 말합니다. 자동차나 헬리콥터는 사람이나 물건을 나르는데, 연료를 공급하면 움직일 수 있지요. 하지만 가장 중요한 조건이 맞지 않아요. 로봇은 스스로 할 수 있어야 하는데, 헬리콥터나 자동차는 사람이 조종해 줘야만 움직이거든요. 그래서 자동차나 헬리콥터는 로봇이라고 부를 수 없어요.

하지만 미래의 자동차는 로봇이 될 수도 있을 거예요. 사람이 직접 운전하지 않고, 갈 곳만 입력하면 알아서 데려다 주는 자동차라면 자동차 로봇이라고 할 수 있겠지요.

미래에는 헬리콥터나 자동차 뿐만 아니라 오토바이, 자전거 같은 이동 수단도 사람의 조종 없이 알아서 움직일 가능성이 높다고 합니다. 미래에는 탈 것들도 전부 로봇이 되겠네요.

3 로봇 청소기는 정말 로봇인가요?

우리 집에 로봇 청소기가 있었어요. 엄마가 청소를 하느라 현관문을 열어놓았는데, 엘리베이터를 타고 도망쳐 버렸어요! 어떻게 우리 가족을 배신할 수 있나요? 진공청소기와 로봇 청소기는 어떻게 다른 건가요?

로봇 청소기는 로봇이 맞습니다. 그러면 어떤 것은 청소기라고 하고, 어떤 것은 왜 로봇 청소기라고 할까요?

일단 로봇의 특징을 갖고 있어야 로봇이라고 할 수 있습니다. 로봇의 첫째 특징이 뭐냐 하면 '모빌리티'입니다. 모빌리티란 움직임이지요. 바퀴로 움직여도 모빌리티고, 부르르 떨어도 모빌리티예요.

로봇의 둘째 특징은 '오토노미(Autonomy)'예요. 오토노미란 쉽게 말해서 스스로 알아서 할 수 있는 능력인데 이걸 자율성이라고 부르기도 해요. 스스로 알아서 하는 능력 또는 시키기 전에 먼저 알아서 하는 능력이 바로 오토노미예요.

모빌리티와 오토노미, 이 두 가지 능력을 갖고 있어야 로봇의 자격을 갖게 되지요. 시키지 않아도 스스로 알아서 움직이면서 청소를 하면 청소 로봇이고, 사람이 움직여야지만 움직이는 건 그냥 기계지요.

그런데 그렇게 가족을 배신한 로봇 청소기는 지금 어디서 살고 있을까요?

4 자동카메라는 로봇이 아닌가요?

우리 집 자동카메라는 사람이 웃으면 스스로 알아서 사진을 찍어 주거든요. 스스로 알아서 하니까 이것도 로봇인가요?

정말 예리한 질문이군요. 예전 카메라와 달리 요즘 카메라는 스스로 사람을 찾아서 얼굴을 인식하는 기능이 있어요. 그리고 사람이 웃으면 미소를 인식해서 사진을 자동으로 찍어요. 이것도 로봇 기능이 있다고 할 수 있어요. 로봇이라고 할 수는 없지만, 큰 의미에서 보면 스스로 알아서 판단해서 사진을 찍어 주는 기계이므로, 로봇 기능이 내장됐다고 할 수 있지요. 로봇 기능이 있는 카메라인 거지요.

앞으로는 이렇듯 로봇 기능이 내장된 가전제품들이 점점 더 많이 나올 거예요. 우리는 그 모습만 보고서는 로봇인지 알 수 없지만, 로봇은 우리 주변에 아주 많아질 것입니다.

5 로봇은 사람처럼 생겨야 하나요?

로봇이 뭔지 잘 모르겠어요. 다리가 달리면 로봇이고, 바퀴가 달리면 로봇이 아닌가요? 로봇은 어떤 모양을 하고 있어야 하나요?

여러분은 로봇하면 어떤 모습이 떠오르나요? 많은 사람들이 기계이긴 하지만, 사람이랑 아주 비슷하게 생기고 무슨 일이든 알아서 척척 하는 인간을 닮은 로봇을 머릿속에 그린답니다. 하지만 원래 로봇이란 다른 어떤 도움 없이 자신의 능력만으로 주어진 임무나 정해진 일을 처리해 내는 기계를 말합니다. 달 탐사 로봇처럼 커다란 기계 덩어리에 여러 개의 다리를 갖고 있기도 하고, 사람 모양을 하고 있기도 하죠. 인간형 로봇은 일반적인 기계 로봇에 사람 모양의 껍데기를 씌운 기계예요. 로봇은 반드시 사람처럼 생긴 것은 아닙니다. 벌레처럼 생길 수도 있고, 보통 트럭처럼 생길 수도 있지요. 로봇이 어떤 모양으로 정해진 것은 아니에요.

6 로봇 과학자들은 어떻게 로봇의 모양을 생각해 냈을까요?

로봇은 사람을 닮았잖아요. 로봇 과학자들은 왜 사람 모양으로 로봇 모양을 정한 거지요?

영화 속에 등장하는 로봇들의 모양에 비슷한 특징이 하나 있어요. 사람처럼 두 발로 서서, 마치 사람처럼 생각하고 움직이는 거지요. 로봇 영화는 로봇공학자들에게 큰 영향을 주었어요. 실제 로봇의 아버지라고 불리는 조셉 엥겔버거의 경우, 아이작 아시모프의 공상과학 소설에 흠뻑 빠졌었다고 해요. 아이작 아시모프의 소설은 영화로도 여러 편 만들어졌거든요.

로봇 강대국 중 하나인 일본에서는 1960년대부터 로봇 만화들이 많이 만들어졌어요. 1963년 철인 28호를 시작으로, 마징가 제트, 우주소년 아톰 등 다양한 로봇 만화가 인기를 끌었어요.

우리나라에서 만들어진 첫 번째 로봇 만화 영화는 1976년에 상영된 로보트 태권브이였어요. 만화와 영화는 로봇공학자뿐만 아니라 많은 어린이들에게도 미래 사회에 대한 기대와 상상을 심어 줬어요.

7 로봇이란 이름은 누가 만들었나요?

로봇이라고 처음 부른 사람은 누구인가요? 그 사람이 로봇을 처음으로 만든 과학자인가요?

오준호 박사의 Q

로봇 휴보는 얼마일까?

① 100만 원 정도
② 1000만 원 정도
③ 5억 원 정도
④ 오준호 박사의 아들이므로 팔 수 없다

[정답] ③

로봇은 어느 나라 말일까요? 영어라고 생각하기 쉽겠지만, 로봇은 체코어에요. 체코어로 'robota'는 '노동, 노예'라는 말이에요. 체코의 극작가인 카렐 차페크가 맨 처음 이 말을 썼다고 해요. 그는 1920년 〈로섬의 인조인간〉이라는 희곡을 발표했는데, 인조인간을 표현할 때 로봇(robot)이라는 말을 처음 썼어요. 이 희곡 속에는 인간을 대신해서 일을 해주는 새로운 인간이 만들어지는데, 그 새로운 인간을 로봇이라고 불렀어요.

희곡 속 로봇은 인간과 똑같이 정신노동도 하고, 육체노동도 할 수 있었어요. 사람들은 인조인간에 문제가 생기면 기계 부품 바꾸듯이 새것으로 갈아치워 버렸지요. 결국에는 인조인간들이 인간에 대항해 반란을 일으키게 되고, 인간을 멸망시킨다는 내용을 담았어요. 자본주의 사회의 여러 가지 문제로 인해 존엄성을 잃고, 소모품처럼 전락해 가는 인간의 모습을 비판하기 위해 쓴 작품이었지요.

8 로봇이 생겨난 이유를 알고 싶어요.

사람들은 로봇을 왜 만들었나요? 처음에 만든 로봇은 어떤 일을 했나요?

아주 오래 전부터 사람들은 인간의 모양을 닮은 인조인간을 만들고 싶어 했어요. 물론 지금처럼 사람 대신 일을 시키기 위한 것은 아니었고 주로 종교 의식을 거행할 때 도구로 쓰거나 높은 사람의 지위를 나타내는 장식물로 쓰였다고 합니다. 중세시대에도 장식 인형이 만들어졌는데, 커다란 시계에 달리거나 악기를 연주하곤 했지요. 로봇이라고 부르지는 않았지만, 기계를 장착해 정해진 규칙대로 움직이게 만든 작은 로봇이라고 볼 수 있어요. 20세기에 현대적인 로봇이 만들어지기까지 로봇은 종교 의식이나, 장식, 서커스단의 장난감 용도로 만들어진 것이지요.

1960년대 처음 현대의 로봇이 만들어졌어요. 팔처럼 만들어진 기계지만, 기계 장치와 프로그래밍을 통해 스스로 문제를 해결했던 최초의 로봇임에는 분명하답니다.

현대의 로봇은 정해진 규칙에 따라 계속 같은 일을 반복하거나 인간이 처리하기

오준호 박사의 Q

다음 중 미래에 로봇이 될 수 없는 것은?

① 냉장고
② 세탁기
③ 자동차
④ 리모컨

[정답] 없음. 로봇 기능이 들어간 제품은 어떤 제품이라도 로봇이 될 수 있음.

위험한 산업 공정에서 대신 일처리를 할 수 있도록 만들어진 산업용 기계라고 할 수 있어요. 하지만 기계가 발달하고 프로그램이 더욱 정교해지면서 인간이 못하는 여러 가지 일을 로봇이 척척 처리해 내고 있답니다.

 로보트 태권브이가 로봇이 아니라는데, 사실인가요?

제 친구 형이 그러는데 로보트 태권브이는 로봇이 아니래요. 로보트 태권브이가 로봇이 아니면, 마징가 제트는 로봇인가요?

보기에 따라 다르겠지요. 왜냐하면 로보트 태권브이나 마징가 제트는 실제로 있는 게 아니니까 제가 볼 수가 없어서 로봇인지 아닌지 확실하게 말할 수가 없습니다. 아마 친구 형이 로보트 태권브이를 로봇이 아니라고 한 것은 사람이 타서 조종을 하기 때문일 거예요. 진공청소기처럼 사람이 조종을 하는 건 로봇이 아니니까요.

하지만 저는 로보트 태권브이를 로봇이라고 생각해요. 사람이 타서 조종을 하더라도 스스로 판단해서 움직이는 자율적인 부분이 많기 때문입니다. 스스로 중심도 잡아야 되고, 길도 자기가 찾아가야 하니까요. 하지만 단순히 사람이 완전히 조종을 하는 기계, 예를 들어 에스컬레이터나 땅 파는 기계는 로봇이 아니지요.

로보트 태권브이는 실제로 날아다니고 움직이기 때문에 로보트 태권브이 안에 스스로 알아서 하는 지능, 즉 오토노미가 있을 겁니다. 오토노미 없이는 그렇게 자연스럽게 움직일 수가 없을 테니까요. 그렇지만 아까 말했듯이 완전히 사람의 조종에 따라 움직인다면 그건 지능형 로봇이라고 할 수 없어요.

 공장에서 일하는 기계도 로봇인가요?

아빠한테 들었는데 공장에서 자동차 만드는 로봇이 있다면서요? 그런 로봇은 시키는 것만 하잖아요. 자기가 알아서 하는 건 없고, 시키는 것만 하는 것도 로봇인가요? 공장 기계도 로봇이라고 할 수 있나요?

자동차는 운전자가 시키는 것만 동작하지요. 그래서 자동차는 로봇이 아닙니다. 하지만 공장에서 자동차를 만드는 기계 중에는 산업용 로봇이 사용되고 있어요. 물론 지능형 로봇은 아니지만, 로봇임에는 분명해요.

그러면 왜 자동차는 로봇이 아니고, 기계처럼 생긴 산업용 로봇은 로봇인 걸까요? 로봇이 되기 위해서는 조건이 있어요. 오토노미가 가능해야 하지요.

산업용 로봇은 프로그램이 가능해요. 그래서 사람이 원하는 작동을 시킬 수 있지요. 그러므로 오토노미도 가능할 수 있어요.

그런데 자동차는 프로그램에 의해 명령을 내릴 수가 없어요. 자동차도 프로그램을 해서 알아서 왔다 갔다 할 수 있으면 지능이 없더라도 로봇이라고 할 수는 있어요. 하지만 자동차는 사람의 조종에 의해 움직이니까 로봇이 아닌 거지요.

 로봇은 얼마나 비싼가요?

로봇을 사고 싶어요. 박사님이 만든 휴보를 사고 싶은데 얼마에 파실 건가요?

휴보는 지금까지 13대를 팔았어요. 가격은 4억~5억 원 정도 합니다. 우리는 휴보를 쓸 수 있는 사람에게만 휴보를 팝니다. 어린이 친구들이 헬리콥터를 사고 싶다고 헬리콥터를 살 수 있나요? 헬리콥터 조종사 면허증을 가진 사람이 있어야 하고, 헬리콥터가 고장 나면 고칠 정비사도 있어야 헬리콥터를 가질 수 있지요.

휴보도 마찬가지입니다. 휴보는 스위치만 누르면 돌아가는 장난감이 아니에요. 1시간을 움직이게 하려면 10시간을 준비해야 합니다. 비행기와 똑같아요. 정비도 많이 해야 해요. 그렇기 때문에 휴보는 파는 게 중요한 게 아니라, 잘 쓸 수 있는 사람에게 파는 게 중요합니다.

사람의 행동을 따라하는 거대 로봇 '쿠라타스'

　조종석에 탄 사람의 행동을 그대로 따라하는 거대 로봇이 완성됐어요. 이 로봇은 게임이나 영화 등장하는 거대 로봇과 거의 비슷해요. 이 로봇의 이름은 '쿠라타스'인데 제작자의 이름이 쿠라타스라서 그대로 붙였다고 합니다.

　높이와 전장은 4미터, 폭은 3미터, 무게가 무려 4.5톤이나 나가지요. 1명의 조종사가 타고 동작 감지 장치를 사용해 자신의 움직임대로 로봇을 움직일 수 있어요. 조종석에서 장갑처럼 생긴 조종기가 있어서 이 조종기에 손을 넣고 움직이면 로봇의 팔이 손가락까지 그대로 따라서 움직여요. 또 스마트폰으로 외부에서 조종할 수도 있지요.

　동력은 디젤엔진인데, 유압펌프 모터로 움직여요. 하지만 로봇 다리로 걷거나 뛰는 것은 못하고, 4개의 다리에 바퀴가 달려 있어서 시속 10킬로미터 속도로 달릴 수 있지요.

이 로봇에는 로하스런쳐라는 공격 무기도 달려 있어요. 실제 무기가 아니라 페트병을 발사하는 로켓과 1분에 BB탄 6000발을 발사하는 기관총이 달려 있어요.

쿠라타스는 산업용이나 군사용이 아니라, 거대한 장난감으로 개발된 것입니다. 쿠라타스는 만화가와 로봇연구자들이 모여 만들었고, 수도중공업에서 제작했다고 합니다. 가격은 135만 3500달러(약 14억 6700만원)인데, 외국에서 사겠다는 요청이 많이 들어오고 있다고 하는군요.

이름 : 쿠라타스
높이 : 4미터
전장 : 4미터
폭 : 3미터
무게 : 4.5톤
공격 무기 : 페트병 로켓, BB탄 기관총
가격 : 약 14억 6700만원

거대 로봇 쿠라타스

# 12 로봇이랑 장난감은 어떻게 달라요?

저는 로봇 경진대회에 전자 자동차를 갖고 나가려고 하는데요. 안 될까요?

요즘 장난감 자동차를 보면 알아서 움직이지요. 전원만 켜 놓으면 앞으로 쌩 달려 나가고, 목표물도 알아서 피하지요. 언뜻 생각하면 장난감이 로봇 같기도 해요. <u>스스로 알아서 움직이며, 앞으로 나가는 임무를 잘 해내니까요.</u> 하지만 자동차는 조종하는 사람이 방향을 지시해 줘야 하기 때문에 로봇은 아닙니다.

〈전격 제트 작전〉이란 영화를 보면 키트라는 자동차가 나와요. 이 자동차는 로봇입니다. 자동차 안에 프로그래밍을 입력해 자동차가 알아서 상황 판단을 하고, 주인공을 돕기 위해 달려와 주니까요.

가끔 로봇 경진대회에 전자 자동차를 가지고 나오는 친구가 있기도 해요. 하지만 전자 자동차는 로봇이 아니기 때문에 좋은 성적을 거둘 수 없어요.

로봇 경진대회에서 사람들은 대회 시

작 전에 로봇을 만들고, 프로그래밍을 해요. 그리고 대회를 시작하면 아무것도 할 수 없어요. 로봇이 스스로 눈에 보이는 화면과 소리, 물체 등을 인식해서 문제를 해결해야 해요.

그런데 전자 자동차는 화면과 소리, 물체 등을 스스로 인식하고 작동하는 건 아니잖아요. 전자 자동차는 스스로 무엇을 하는 것이 불가능하기 때문이지요.

 **13 최초의 로봇은 어떤 것인가요?**
세계에서 가장 처음 만든 로봇이 어떤 것인지 알고 싶어요.

1939년 미국 뉴욕에서는 세계 박람회가 열렸어요. 많은 회사들이 새로운 제품이나 기술을 선보였지요. 그중에서도 유독 많은 사람들이 몰려 있는 곳이 있었어요. 사람들은 웨스팅하우스 사가 만든 로봇을 보기 위해 길게 줄을 서서 기다렸어요.

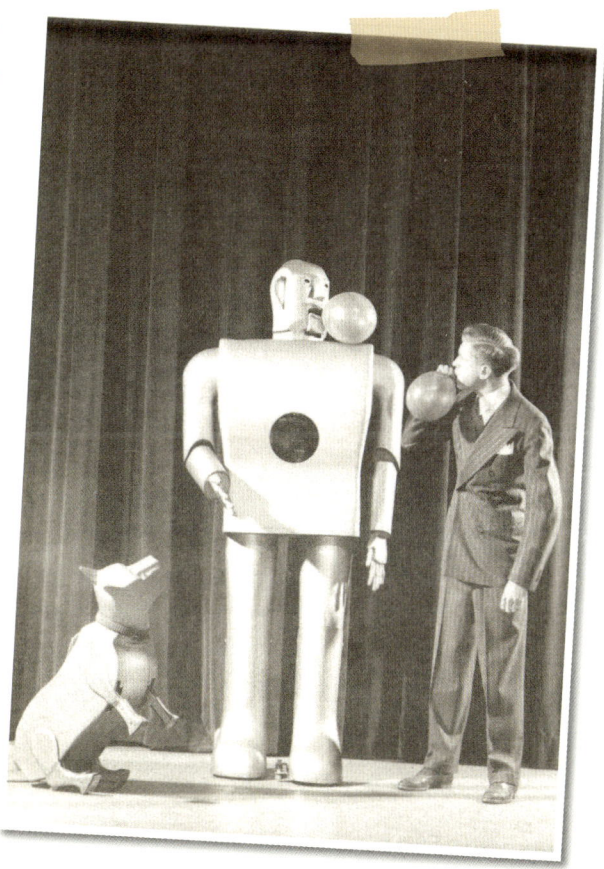

말하는 로봇 일렉트로

웨스팅하우스 사는 마치 사람처럼 두 발로 걸으면서 말을 할 수 있는 로봇을 만들었어요. 키는 약 2미터 정도 되고, 사람이 걸으라고 하면 걷기도 했다고 해요. 말도 할 수 있었는데 700단어 정도는 할 수 있었대요. 물론 축음기를 통해서 한 것이지만요. 사람들은 이 로봇을 '일렉트로'라고 불렀어요.

일렉트로는 전기선을 연결해야만 움직일 수 있었고, 스스로 판단을 하거나, 움직임을 제어할 수는 없었어요. 조이스틱이나 리모컨 대신 사람의 목소리로 조종을 했거든요. 일렉트로는 그후 고철로 판매되었지만, 한때는 미국 전 지역을 돌며 순회공연도 하고 영화에도 출연한 인기 스타였어요. 지금은 맨스필드 메모리얼 뮤지엄에 있는데요. 옛날의 모습을 다시 선보이기 위해 복원 중이랍니다.

많은 사람들이 일렉트로를 최초의 로봇이라고 말하지만, 어떤 사람들은 단순 전기 인형이라고 하기도 해요. 그래서 1948년에 만들어진 거북 로봇이 진짜 최초 로봇이라고 말하지요. 엘머와 엘시, 두 거북이 로봇은 윌리엄 그레이 월터 박사가 만든 동물 로봇이에요. 여러 가지 센서가 달려 있어서 빛을 비추면 빛 쪽으로 움직였다고 해요. 마치 살아 있는 거북이처럼요.

14 우리나라에서 만든 최초의 휴머노이드 로봇은 어떤 건가요?

우리나라 최초의 로봇은 누가 만들었나요? 성능은 어느 정도고, 언제 만들었나요?

1999년 여름 우리나라에서 최초의 휴머노이드 로봇이 탄생했어요. 이름은 센토지요. 시각, 청각, 촉각 등 인간과 비슷한 감각을 가지고 주변 환경을 인식해 판단해서 여러 작업을 할 수 있는 지능형 로봇이에요. 그리스 로마 신화를 보면 센토라는 괴물이 나오는데, 상반신은 인간이고 하반신은 말의 모습이지요. 그 이름을 따서 로봇 이름을 붙였답니다. 왜냐하면 로봇 센토도 4족 보행 로봇이기 때문이에요. 4족 보행이란 다리 4개로 걷는다는 뜻이에요. 로봇 센토도 상반신은 사람처럼 생겼고, 하반신은 말의 모습처럼 생겼지요.

센토는 한국과학기술연구원(KIST) 휴먼로봇연구센터에서 94년부터 5년간 80억 원의 연구비를 들여 개발했어요. 키는 160센티미터, 무게는 150킬로그램이고, 손가락 3개가 달린 팔이 두 개 달렸지요.

지능은 불과 2살의 유아 정도지만, 주변 물체의 위치와 방향 등을 판단하고, 블록을 쌓거나 톱질을 할 수 있지요.

15 우리나라 로봇의 역사를 알고 싶어요!

우리나라는 언제부터 로봇을 개발하기 시작했고, 지금까지 어떤 로봇들을 완성했나요?

일본이 1970년대에 이미 로봇 연구에 많은 투자를 시작해 상당한 개발 성과를 이루어 냈지만, 우리나라에서는 1990년대 후반에 가서야 본격적인 로봇 연구가 시작 되었어요. 물론 그전에도 산업 현장에서는 많은 산업용 로봇들이 도입되었지만, 주로 일본에서 수입되어 사용만 하는 수준이었어요.

1990년대 중반 한국과학기술연구원(KIST)에 휴먼로봇연구센터가 만들어졌어요. 90여명의 연구진이 5년간 로봇을 연구해, 우리나라의 최초 휴머노이드 로봇이라는 '센토'가 만들어졌어요. 물론 완벽한 휴머노이드는 아니었지만 인간의 오감 능력을 갖고 주변의 물체 위치를 파악할 정도로 뛰어난 로봇이었어요.

센토를 시작으로 우리나라의 로봇 연구는 활기를 띠었어요. 2001년에는 감정을 표현할 수 있는 '아미'가, 2004년에는 일본 아시모와 견줄 수 있는 '휴보'가 만들어졌어요. 요즘은 국내 로봇 회사에서 만든 휴머노이드 로봇을 살 수 있을 정도로 많이 발전해 있어요. 로봇 사업은 미래에 더욱 발전할 산업 분야 중 하나인 만큼, 여러분이 어른이 되었을 때 로봇 관련 직업이 인기 직업군 중 하나가 될 겁니다.

1999년 한국과학기술연구원, 한국 최초 보행 로봇 '센토' 제작
2001년 한국과학기술연구원, 감정 표현 가능한 로봇 '아미' 개발
2004년 한국과학기술연구원, 한국형 휴머노이드 '휴보' 개발
2005년 류재범 박사, '마루', '아라' 개발
       한국과학기술연구원, '알버트 휴보' '휴보 FX-1' 개발
2006년 한국 생산기술 연구원, '에버원' 개발

 **16 사람이랑 똑같은 인조인간이 있다고 하던데요?**
형이 인조인간 로봇을 봤대요. 여자인데 움직이고, 말하고, 대화도 한대요.

에버원을 말하는 거군요. 에버원은 한국생산기술연구원이 만든 인조인간 로봇인데, 키 160센티미터, 몸무게 50킬로그램으로, 우리나라 여성의 모습을 갖고 있지요.

상반신이 자유자재로 움직이고 외모와 행동, 감정 표현이 가능한 로봇입니다. 또한 400가지의 단어를 알고 있어서 사람들과 대화도 할 수 있지요. 에버원은 연예인처럼 활동했어요. 연예기획사와 계약을 하고 연예활동을 했지요. 한 번 출연하는 데 100만 원이나 받는답니다.

인조인간 로봇 에버원

 ## 17 로봇은 두 발로 걷는 게 어려운가요?
사람처럼 두 발로 뛰는 로봇은 본 적이 없어요.

사람이 두 발로 걷는 것이 당연하게 보이겠지만, 사람도 아주 오래 전에는 네 발로 걸었어요. 무거운 물체를 높은 곳에 얹어놓는다고 가정해 보세요. 받침을 어떻게 세우는 것이 물체를 가장 안전하게 떠받들 수 있을까요? 만약 나무막대기 두 개로 물체를 떠받든다면 안전하게 떠받들 수 있을까요? 결코 쉬운 일이 아니에요. 금방 떨어지니까요. 그래서 대부분의 동물은 네 개의 다리 위에 몸을 얹어서 다니는 거예요. 몸이 아래로 떨어지는 것을 막으려고요. 두 다리로 서 있는 것도 불안한데, 움직이는 것은 가능할까요? 한 다리를 앞으로 내딛으면 무게 중심이 앞으로 쏠리기 때문에 당연히 앞으로 고꾸라질 수밖에 없어요. 빨리 다른 다리를 앞으로 옮겨 넘어지는 것을 막아야 해요.

로봇 중에서도 인간처럼 두 다리로 움직이는 로봇이 있어요. 달 탐사 로봇처럼 다리가 6개 넘는 로봇도 있지만 요즘은 인간의 모습과 아주 비슷하게 만들어진 로봇도 만들어지고 있답니다. 이렇게 사람처럼 두 다리를 움직일 수 있게 도와주는 장치가 있는데, 그 장치를 서보 모터(servo motor)라고 해요. 일반적으로 로봇이 움직일 때 각 부분마다 모터가 돌아가면서 로봇 일부분이 움직이게 만듭니다. 서보 모터는 일반 모터보다 훨씬 정교하게 작동해서 마치 로봇의 팔다리가 사람의 관절이 움직이는 것처럼 보이게 만들어 줘요. 서보 모터 속은 수많은 톱니바퀴와 기어로 되어 있어서 로봇이 아주 세밀하게 움직일 수 있도록 도와주는 거예요.

2족 보행 로봇은 2000년대 초반부터 본격적으로 만들어지기 시작했어요. 2007년에는 육상 선수 로봇이 만들어지기도 했지요. 미국 매사추세츠 대학에서 야심차게 만들었던 애슬릿(Athlete)이라는 로봇이었는데, 아직은 실험 단계라 마치 기계 덩어리 같은 모양을 하고 있어요. 애슬릿의 가장 큰 특징은 사람처럼 가슴과, 배, 엉덩이로 연결되는 근육 골격체를 갖고 있다는 거예요. 거기다 발을 한 발 내딛었을 때 부드럽게 다시 차고 올라올 수 있는 탄성 있는 다리까지 달아 줬어요. 마치 최신 의족처럼 생긴 다리에요. 이 로봇은 세계적인 육상선수인 우사인 볼트처럼 빠르게 뛰는 것이 목표였는데, 안타깝게도 아직 1미터 정도 밖에 뛰지 못하는 수준이래요.

18 로봇은 비싼가요?
한 대 사고 싶어요. 저금통에 돈 많이 모아 뒀어요.

　로봇은 성능이나 모양에 따라 가격 차이가 많이 나요. 로봇 청소기의 경우 몇십만 원이면 살 수 있어요. 또 로봇 애완견은 200~300만 원 정도에 판매되고 있어요. 가장 궁금한 것은 아무래도 휴머노이드 로봇일 텐데, 로봇 대회에 참가하는 휴머노이드 로봇의 경우 약 300만 원 정도에 거래되고 있지만, 제한된 동작밖에 못하는 수준이에요.
　알데바란로보틱스 사에서 만든 연구용 로봇이 국내에 소개되기도 했는데, 이 로봇은 보고, 듣고 느낄 뿐 아니라 사람들과 간단한 의사소통도 가능하다

사람들은 로봇이 얼마나 힘이 센지 궁금해 합니다. 그리고 어느 정도까지 강력한 힘을 낼 수 있는지도 궁금해 합니다.

로봇은 인간이 상상할 수 없을 정도로 힘이 셉니다. 왜냐하면 외부 동력을 얼마든지 이용할 수가 있으니까요. 전기가 되었건 물이 되었건 바람이 되었건 로봇은 외부의 동력을 이용할 수 있으므로 힘을 무한히 세게 만들 수 있어요. 하지만 중요한 건 힘이 센 것이 아닙니다.

유연한 능력이 정말 중요하지요. 사람을 보면 힘은 기계보다 세지 않지만, 굉장히 미세한 힘부터 빠른 동작, 강한 힘까지 다양하게 낼 수 있지요. 하지만 로봇은 그런 게 불가능합니다. 사람처럼 효과적이고, 자연스럽고, 작은 힘부터 큰 힘까지, 느린 속도부터 빠른 속도까지 자유자재로 구사할 수 있는 로봇을 만들 수 있어야 하는데, 아직 지구 상에 그런 로봇은 없지요.
   그렇다면 어느 정도 힘이 센 로봇을 만들 수 있을까요? 어마어마하게 힘이 센 로봇을 만들 수 있지요. 하지만 만들지 않는 것일 뿐입니다. 위험하기 때문이지요. 로봇을 빠르게도 만들지 않아요. 로봇은 사람하고 상호 작용을 해야 하는데, 너무 힘이 세거나 빠르면 함께 있는 사람이 위험해져요. 그런 로봇이 있다면 누구도 옆에 못 갈 겁니다. 로봇은 스스로 통제를 잘 할 수가 없고, 잘 할 수 있다고 해도 실수를 할 수 있기 때문이지요.

고 해요. 국내에는 약 2000만 원 정도에 들여왔다는데, 중국에서 양산되면 약 1000만 원 정도에 판매할 예정이랍니다.

 19 로봇은 어떻게 돌봐야 하나요?
로봇은 사람보다 능력이 떨어지는 면이 있다고 들었어요.

컴퓨터나 휴대폰을 자주 떨어뜨리면 어떻게 될까요? 특히 컴퓨터는 충격에 약해서 금방 고장이 나 버려요. 로봇 안에는 컴퓨터처럼 무수히 많은 기계 부품이 들어 있어요. 중앙처리장치(CPU)나 메모리 칩 같은 것들 말이에요. 이런 부품들은 충격에 아주 민감하기 때문에 살살 다뤄야 해요. 영화 속 로봇처럼 들어 올려 내동댕이치거나 발로 밟아 버리면 금방 동작을 멈춰 버릴 거예요.

아직까지 로봇 장치들은 습도나 온도에도 민감한 편이에요. 아기에게 언제나 쾌적하고 깨끗한 환경을 만들어 줘야 하는 것처럼 로봇에게도 그렇게 해 줘야 해요.

또 한 가지, 아기가 배고프면 응애

하고 울어버리지요? 로봇은 에너지가 떨어지면 아예 그 자리에 우뚝 멈춰 서 버린답니다. 그러니까 로봇의 에너지가 다 떨어지기 전에 충전해 주는 것도 잊지 말아야 해요.

20 로봇의 몸에서 가장 중요한 부분은 어딘가요?
사람은 머리나 심장이 중요하잖아요. 로봇에게도 두뇌나 심장 같은 게 있나요?

사람의 몸은 어디가 가장 중요할까요? 물론 중요하지 않은 부위는 하나도 없지요. 굳이 꼽자면 숨을 쉬거나 움직임을 조종하는 부분 등 살아가기 위해 반드시 필요한 부분이겠지요.

그렇게 생각해 본다면 로봇을 움직이기 위해 반드시 필요한 부분은 에너지 장치와 명령을 받아들이고 처리하는 부분이겠네요. 로봇 몸 안에 에너지가 공급되지 못하면 로봇은 아예 움직이지 못하게 될 거에요. 이 부분이 사람의 심장과 같은 역할을 하지요. 지금은 로봇 안에 전지를 삽입해 이 부분을 해결하고 있는데, 머지 않아 자기 스스로 에너지를 만들어 움직일 수 있는 로봇이 등장할 거라고 해요.

로봇은 전달된 명령을 스스로 처리할 수 있어야 하는데요, 이 모든 것은 중앙처리장치(CPU)라는 하드웨어와 제어 시스템이라는 소프트웨어가 결합해 처리할 수 있는 부분이에요. 바로 사람의 뇌 역할을 담당하는 부분이에요.

21 로봇도 잘못하면 감옥에 가나요?

사람은 잘못을 저지르면 감옥에 가잖아요. 로봇도 잘못을 저지를 수 있을 텐데 어떻게 하나요?

로봇은 신기술이어서 모든 것이 실험 단계라고 할 수 있어요. 로봇은 아직 흔하지도 않고, 단순한 업무를 주로 처리하고 있지요. 하지만 앞으로 20, 30년 후면 집집마다 로봇이 집안일을 할 것이고, 여기저기에서 로봇을 쉽게 볼 수 있을 거예요.

로봇이 많아지면 로봇 때문에 발생하는 문제도 많아질 거예요. 특히 인공 지능이 발달해서 주인의 말을 어기거나 하는 수준의 로봇까지 등장하게 되면 정말 큰 문제가 될 수 있겠지요.

로봇의 행동은 제어 프로그램을 통해 조절할 수 있어요. 로봇이 잘못한다는 것은 제어 프로그램이 잘못 만들어진 것이니 프로그램을 고치면 간단하게 해결할 수 있겠지요. 그래서 사람은 잘못하면 감옥에 보내지만, 로봇은 수리 센터로 보내겠지요.

하지만 만약 로봇의 잘못된 행동으로 로봇 주인이 아닌 다른 사람이 피해를 보게 되면 문제는 달라지겠지요. 로봇이 세상에 점점 많아지면 이렇게 예상하지 못한 다양한 문제들이 일어날 수 있어요. 아마 그때쯤이면 로봇과 관련된 여러 가지 법이 만들어질 거예요. 요즘 애완견 관리에 대한 법들이 만들어지는 것처럼요.

또 인공 지능을 갖춘 로봇에 대해서는 로봇 자체를 어떻게 벌줄 것인지 미리 생각해 두어야 한다는 학자들도 있어요. 로봇은 사람이 만들어 낸 새로운 사회 구성원이 될 테니까요.

 로봇도 거짓말을 할 수 있어요?

로봇이 거짓말을 하면 아주 골치 아플 것 같아요. 청소를 하라고 시켰는데, 벌써 했다고 거짓말하면 안 되잖아요.

로봇이 대답하는 것은 자극에 대한 일종의 반응이라고 할 수 있어요. 사람이 음성으로 어떤 자극을 주었을 때, 자극의 종류에 따라 다르게 반응하는 것

이지요. 로봇의 반응은 로봇 안에 들어 있는 제어 시스템에 따라 나타납니다. 제어 프로그램에서 특정 행동이나 음성에 대해 거짓 대답을 하도록 꾸며 놓는다면 로봇은 정해진 규칙대로 그렇게 반응하게 되겠지요. 그러니까 현재의 로봇이 거짓말을 한다면 그것은 제어 프로그램에 그렇게 하도록 만들어져 있기 때문인 거지요.

그런데 만약 로봇의 센서가 훨씬 더 발달하고, 모아진 정보를 처리하는 기술이 발달하게 된다면, 조금 다른 반응이 나올 수도 있어요.

제어 시스템의 처리 방법은 아주 간단한데, 입력되는 자극이 점점 복잡해지면, 제어 프로그램을 만든 사람도 어떤 상황이 벌어질지 예측할 수 없는 것이에요. 또 제어 프로그램을 무조건 진실만을 찾도록 할 것인지, 상황에 가장 적합한 답을 찾도록 할 것인지에 따라 다른 답이 나올 수 있게 되겠지요.

오준호 박사의 Q

다음 로봇 가운데 만들기가 어려운 로봇은?

① 힘이 엄청나게 강력한 로봇
② 방귀를 뀌는 로봇
③ 트림 하는 로봇
④ 연예인처럼 춤추고 노래하는 로봇
⑤ 일하기 싫어서 도망치는 로봇

[정답] ⑤ 로봇은 인간처럼 생각하고, 느끼고, 행동하게 만들기가 어려움.

 ## 23 로봇이 제 마음을 이해할까요?

내가 슬플 때 로봇이 제 마음을 알아 줄 수 있을까요? 만약 그렇다면 로봇이랑 친구도 될 수 있을 것 같아요.

아직 로봇 기술이 인간의 마음을 이해할 정도로 발달되어 있지는 않아요. 웃는 모습과 비웃는 모습을 구별하는 로봇도 만들지 못했는 걸요.

하지만 로봇의 감각 센서는 점점 더 정교해 지고 세밀해 지고 있어요. 로봇이 인간의 마음을 머리로 이해는 못하지만, 입력되는 정보가 세밀해 짐에 따라 반응하는 방법이나 방식 또한 더욱 정교해지겠지요.

예를 들어 눈물을 흘리고 있는 사람을 보면 휴지를 가져다 준다거나 사람의 어깨에 손을 얹는 로봇은 만들 수 있지 않을까요? 비록 마음이 시켜서 한 일이 아닐지라도 이런 로봇의 행동은 사람의 마음을 조금은 위로해 줄 수 있을 거예요.

 ## 24 제가 질문하면 척척 대답해 주는 로봇이 있나요?

지난 번에 로봇 전시회에 갔는데 제가 질문을 하니까, 바로 로봇이 대답해 줬어요. 사람처럼 대답하는 것이 신기하더라고요.

사람의 모든 질문을 로봇 혼자 스스로 판단해서 대답해 줄 수는 없어요. 아직까지는 사람이 하는 말을 로봇이 완벽하게 알아듣지 못해요. 어떤 기술을 썼는지는 모르겠지만 로봇과 연결된 컴퓨터에 사람이 타이핑을 쳤을 거예요. 그러면 사람이 말하는 것과 거의 구별을 못할 정도로 자연스럽게 소리가 나와요. 이걸 '티티에스(TTS:Text To Speech)'라고 그래요.

저는 삐리삐리 같은 소리가 나도록 로봇을 바꾸는 게 낫다고 생각해요. 로봇이 너무 사람처럼 말하면 오히려 부자연스러워요. 로봇이 말하는 듯한 목소리를 메탈릭 보이스라고 합니다.

 25 로봇은 어떻게 말을 할 수 있나요?

로봇은 혼자 말을 잘할 수 있나요? 로봇과 대화할 수 있을까요?

로봇공학자들은 오랫동안 말하는 로봇에 대한 연구를 계속했어요. 우리나라에서도 몇백 개의 단어를 이해하는 로봇이 만들어 졌고요. 그런데 사람들은 말할 때 단어만 이어서 말하지는 않아요. 상황이나 대상에 따라 존댓말을 쓰기도 하고 반말을 쓰기도 하지요.

로봇공학자들은 사람이 말하는 것처럼 자연스럽게 사람의 말을 이해하고 반응할 수 있도록 만들기 위해 노력하고 있어요. 그러기 위해서는 다양한 음성을 비교해서 알아들을 수 있는 기술과 인간처럼 말할 수 있는 자연어 처리 기술이 필요해요. 지금은 한두 마디의 단어로 된 명령어 정도만 이해해요. 하지만 몇 년 안에 사람들이 말하는 내용을 자연스럽게 이해할 수 있을 거예요.

 ## 26 아시모와 휴보가 싸우면 누가 이기나요?

아시모와 휴보에 대해 알고 싶어요. 두 로봇의 다른 점이나 능력 차이는 없나요?

아시모와 휴보는 일본과 한국을 대표하는 휴머노이드 로봇이에요. 아시모는 일본의 혼다라는 회사에서 만들어 졌고, 휴보보다는 네 살 정도 나이가 많아요. 2000년에 처음 만들어 졌거든요. 아시모는 움직이는 모습이 인간과 아주 많이 닮았고, 이전 로봇들에 비해 속도도 빨라서 세계의 주목을 받았어요.

휴보는 아시모가 만들어 지고 나서 4년 후인 2004년 카이스트에서 만들어 졌어요. 헬멧처럼 둥근 머리에 하얀 몸통을 가지고 있어서 아시모와 휴보는 마치 형제처럼 보일 지경이에요.

아시모는 행동 반응이나 속도 면에서 휴보를 많이 앞섰다고 할 수 있어요. 사실 일본은 1970년 후반부터 로봇 발명에

혼다에서 만든 아시모 로봇

노력을 기울여 온 로봇 강국이에요. 아시모는 장장 15년이라는 오랜 연구 끝에 탄생된 로봇이니 얼마나 정교하게 만들어 졌겠어요. 아시모는 계단을 오르거나 달리기까지 할 수 있어서 움직임이 자유로운 편이에요.

그렇다고 휴보의 성능이 아시모에 비해 크게 떨어지는 것은 아니에요. 행동과 속도 면에서는 아시모가 훨씬 앞서지만 눈의 움직임이나 손가락 움직임은 휴보가 더 진화된 모습을 갖고 있어요. 아시모는 손가락 다섯 개가 한꺼번에 움직이지만 휴보는 모두 따로 움직일 수 있고요. 눈에 장착된 카메라도 왼쪽, 오른쪽 모두 다르게 움직일 수 있어서 볼 수 있는 시력 반경이 훨씬 크답니다.

아시모와 휴보가 싸운다면……. 글쎄요, 아시모와 휴보가 가위 바위 보를 한다면 모르지만, 싸우지는 않을 걸요?

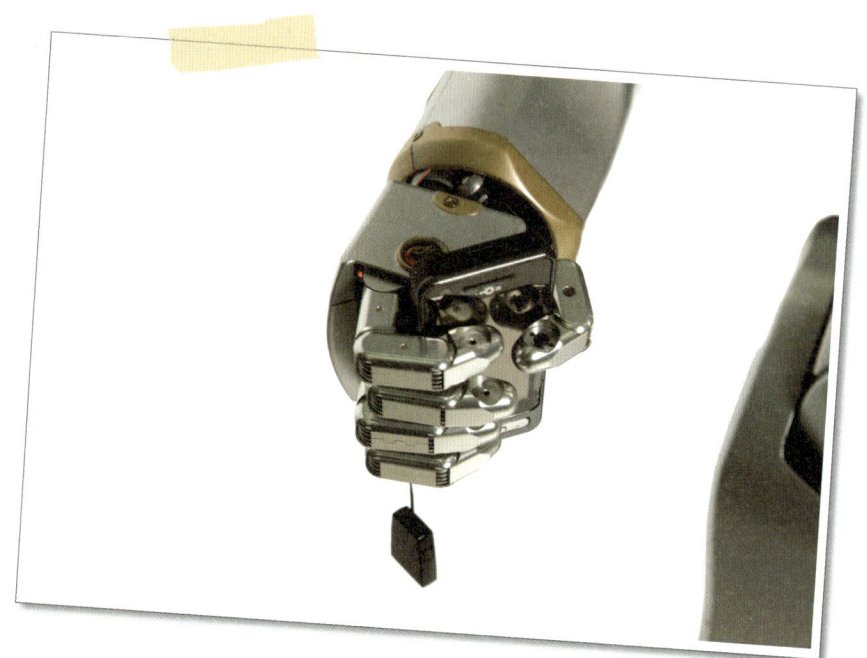

휴보의 손가락

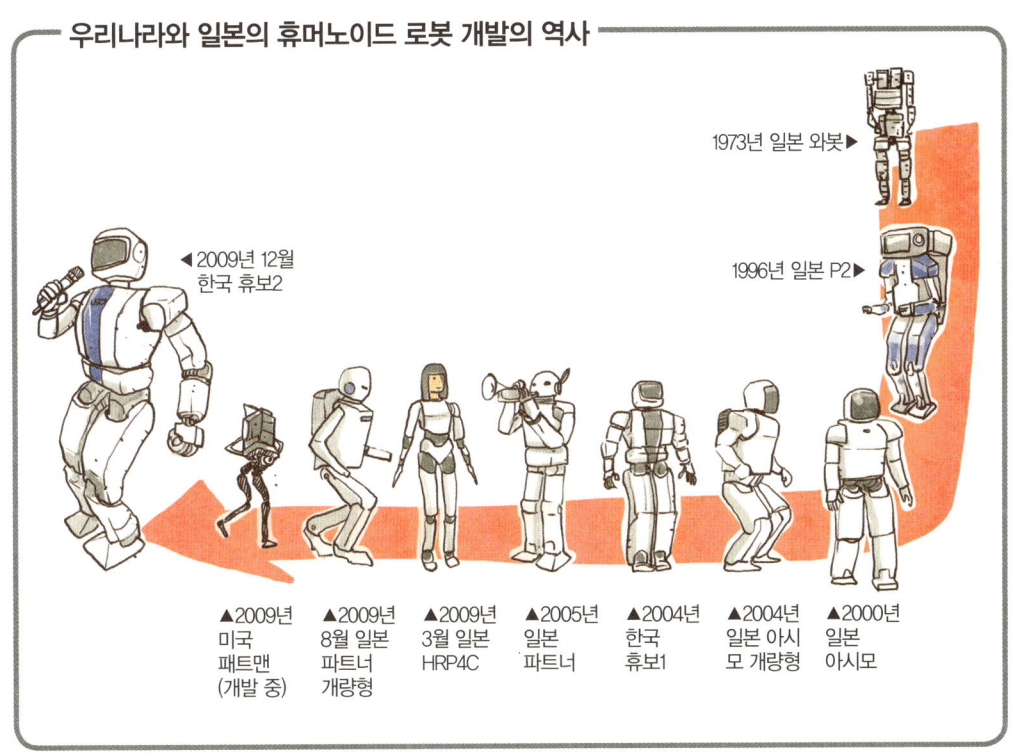

 **27** 로봇이 사람을 공격할 수도 있나요?

영화에서 보면 로봇이 발달하면서 서로 정보를 주고받고 인간을 공격하는 경우도 있던데 그게 정말 가능한가요?

충분히 있을 수 있습니다. 로봇에게 나쁜 프로그램을 집어넣거나, 프로그램에 버그가 생겨 오작동을 하면 인간을 공격할 수도 있지요.

하지만 로봇을 만들 때 인간에게 해로운 행동을 하지 않도록 제어 프로그램을 잘 만들면 문제가 되지 않아요.

그런데 로봇 기술이 발달하면서 로봇 행동을 조종하는 새로운 방법들이 계속 생겨나고 있어요. 인공 지능도 그중 하나인데, 기본 제어 프로그램이 장착되어 있지만, 각종 센서와 입력되는 정보를 응용해, 로봇은 계속 정보를 업데이트 해 나갈 수 있어요. 나중에는 로봇의 지능이 인간보다 앞지를 가능성도 있는 거지요.

하지만 이 또한 인간이 만드는 것이기 때문에 인간 공격에 대한 프로그램이나 정보를 아예 차단시키거나, 실행을 금지하게 하는 등 다른 보완책을 만들어야겠지요.

또 하나의 가능성은 바이러스예요. 컴퓨터 프로그래밍처럼 나쁜 악성 바이러스에 감염되어 로봇을 조종할 수 없게 되면, 로봇은 인간에게 위협적인 존재가 될 거예요. 그래서 로봇을 만드는 사람들은 좀더 신중하고 안전하게 인간에게 도움을 줄 수 있는 로봇 개발을 해야 하는 거지요.

 로봇도 바이러스에 감염될 수 있나요?

컴퓨터에도 나쁜 바이러스가 들어오면 고장이 나잖아요. 로봇이 나쁜 바이러스에 감염되면 사람을 공격할 수도 있나요?

컴퓨터가 바이러스로 고장이 나듯이 로봇도 바이러스에 감염될 수 있어요. 또 프로그램에 오류가 날 수도 있지요. 로봇이 고장이 나서 사람을 공격할 수는 있는데, 그건 로봇이 똑똑해져서 그런 게 아니라, 로봇의 프로그램에 버그나 에러가 났기 때문이지요. 로봇이 스스로 똑똑해져서 사람을 공격한다는 건 말이 안 돼요. 실제로 그럴 가능성은 거의 없어요.

바이러스라는 건 누군가 일부러 집어넣거나 프로그램의 오류로 만들어집니다. 그런데 프로그램에 버그가 생기면 쉽게 고칠 수가 없다는 게 문제예요. 내가 만든 프로그램이라고 해도 내가 버그를 잡기가 쉽지 않아요. 프로그램이 워낙 복잡하기 때문에 그렇지요. 우리가 사용하는 컴퓨터의 윈도우 프로그램에도 버그가 많잖아요. 빌 게이츠 100명이 와도 못 고칠 걸요. 다운이 되면 재부팅을 하는 방법밖에 없지요. 결국 로봇도 사람이 만든 것이기 때문에, 고장이 없는 완벽한 로봇은 불가능하지 않을까 해요.

 29 로봇이 오작동을 하면 핵전쟁을 일으키지 않을까요?

로봇 산업이 앞으로 훨씬 더 발전을 할 테고, 로봇이 많이 생산되잖아요. 그러면 무서운 문제들이 생기지 않을까요?

그렇지요. 문제가 있을 수 있어요. 오작동, 프로그램의 오류 이런 것들이 꼬일 수 있지요. 그렇다고 로봇에게 죄를 물을 수는 없어요. 로봇이 고장이 나서 오작동을 일으키면 프로그램을 리부팅을 하면 되는 거지요. 로봇의 메모리 섹터에 있는 프로그램 섹터를 모조리 재설치를 하면 초기화가 되는 겁니다. 로봇이 잘못을 저지르는 것은 로봇의 잘못이 아니라는 것을 누구나 알잖아요.

바이러스가 있거나 누군가 이상한 프로그램을 깔아서 그런 것이지요.

만약에 로봇이 오작동을 해서 핵폭탄을 쏜다고 생각해 보세요. 그건 로봇 잘못이 아니라 그 로봇에 들어간 프로그램을 짠 사람의 잘못인 겁니다.

30 사람처럼 로봇이 감정을 느끼게 할 수 있나요?
슬프고, 기쁘고, 외로워하는 감정이요.

로봇에게 인공지능을 넣으면 사람처럼 감정을 느끼는 듯이 만들 수 있어요. 그렇지만 그냥 하는 척하는 거지, 진짜 감정을 느끼는 것은 아니에요. 그

래서 금방 탄로가 나지요.

저는 로봇을 감정이 있는 척 만드는 건 웃기다고 생각해요. 로봇은 절대로 감정이 있을 수 없는데, 감정이 있는 척 억지로 '반가워요, 기분 나빠요, 삐졌어요.' 하면서 행동하는 게 만드는 것이 더 어색하지 않나요?

31 로봇은 어떻게 사람처럼 움직이나요?

로봇은 혼자서 움직이잖아요. 어떻게 해서 움직이는 건가요? 사람이랑 로봇을 비교해서 설명해 주세요.

사람과 아주 비슷하게 생긴 로봇을 휴머노이드라고 하는데, 이해하기 쉽게 휴머노이드와 사람의 신체 기관을 한 번 비교해서 생각해 볼까요? 사람은 머리 부분에 뇌가 있어서 생각하고, 판단하고, 신체를 움직이는 명령을 내려요. 로봇은 뇌 대신에 컴퓨터처럼 중앙처리장치(CPU)와 메모리가 들어 있어요. 메모리에 저장되어 있는 명령을 중앙처리장치(CPU)가 처리하면 로봇이 움직이는 거예요. 마치 사람의 뇌에서 명령을 내리면 팔 다리가 움직이듯 말이지요.

팔, 다리는 중앙처리장치(CPU)가 명령만 내리면 자동으로 움직일까요? 이때 필요한 것이 제어 시스템과 기계 시스템이에요. 제어 프로그램 안에는 1번 명령을 내리면 다리는 몇 도로 몇 초 동안, 팔은 몇 도로 어떤 높이만큼 움직일 지가 기록되어 있어요. 로봇을 만드는 사람은 로봇의 외형뿐 아니라, 움직임을 조종할 수 있는 제어 프로그램까지 만들어야 하는 것이지요.

제어 프로그램이 작동해서 명령이 내려오면, 팔과 다리는 제어 프로그램이 명령한 만큼만 움직여야 하는데, 그것은 어떻게 가능할까요? 로봇의 각 부분에는 모터가 들어 있어요. 명령이 내려오면 기계 프로그램이 실행되면서 모터가 작동하기 시작해서, 명령만큼 수행하게 되는 것이지요.

이제 로봇이 앞으로 걸어가고 있는 모습을 상상해 볼까요. 앞에 장애물이 있는데도 그냥 가면, 로봇은 그대로 넘어지게 돼요. 로봇 몸에는 앞에 무엇이 있는지 또는 무엇인가에 부딪혔는지 알 수 있게 도와주는 장치가 들어 있어요. 그걸 센서라고 하는데요. 사람의 눈이나, 귀 같은 기능을 하는 부분이에요. 만약 빛을 감지할 수 있는 센서를 부착해서, 빛의 광도가 몇 도 이상이면 빛의 방향으로 얼굴을 돌리라든가, 손을 들어 눈을 가리라는 제어 명령을 내릴 수 있어요. 마찬가지로 촉각 센서를 부착하면 부딪히는 물건이 발생했을 때, 어떤 행동을 하라고 제어 프로그램에 넣을 수 있는 거예요.

청소 로봇을 생각해 보세요. 청소 로봇은 거실을 청소하다 방문턱이 나오면 넘어간다거나, 벽면에 부딪히면 되돌아 나오게 되요. 로봇 안에 촉각 센서가 들어 있어서, 센서를 이용한 제어 프로그램을 넣을 수 있는 것이지요.

마지막으로 사람의 뼈나 피부는 로봇에서는 어떤 모양을 하고 있을까요? 로봇에는 프레임이라는 것이 있는데 외형을 잡아 주는 뼈대 역할을 해요. 피부는 알루미늄이나 철판을 주로 이용해요. 옛날 만화 영화에 나왔던 깡통 로봇의 피부가 바로 철판이지요.

 ## 32 로봇의 뇌는 어떻게 만드나요?

로봇은 뇌가 아주 복잡할 것 같아요. 로봇 뇌에는 무엇이 들었나요?

로봇은 인간처럼 뇌가 있는 것은 아니에요. 로봇은 컴퓨터처럼 중앙처리장치(CPU)와 메모리, 메인보드가 몸 안에 들어 있어요. 중앙처리장치(CPU)와 메모리가 인간의 뇌처럼 들어오는 명령을 해독해서 로봇의 일부분이 움직이도록 조종해요. 로봇은 명령이 입력되면 로봇의 인식 장치(또는 센서)가 외부의 정보를 입력 받아, 프로그램으로 전달해요. 그럼 다시 프로그램에서는 외부 자극에 맞춰 반응을 하도록 명령을 내리게 됩니다.

이때 메모리 안에는 로봇의 행동 명령이 들어 있고, 중앙처리장치(CPU)는 그 명령들이 제어 프로그램을 불러와 반응할 수 있도록 처리해 주는 거지요.

 ## 33 로봇의 작동 원리를 알고 싶어요.

사람에게는 근육이 있어서 움직이지만, 로봇은 근육이 없는데 어떻게 움직이지요?

로봇의 작동 원리를 한마디로 설명하기는 매우 어렵습니다. 아주 복잡하기 때문이지요.

우선 로봇을 구성하기 위해서는 몇 가지 요소들이 필요해요. 스스로 알아서 움직이는 지능적인 부분과 운동성 부분이 필요하지요. 로봇이 움직이려면 센서가 꼭 필요해요. 이 센서로 감지를 할 수 있는 능력이 있어야 해요. 센서가 없으면 로봇은 제대로 움직일 수 없습니다.

사람도 눈을 감고는 뭘 집을 수가 없잖아요. 눈으로 보니까 집을 수 있는 것이지요. 하다못해 눈을 감고 있더라도 촉감이라는 것으로 느끼잖아요. 만약 센서가 없으면 사람은 못 움직여요. 벽에 부딪혀도 모를 거예요. 아프니까 아는 거예요. 그러니까 움직임이라는 것과 센서는 항상 묶여 있어요. 독립적으

로는 절대로 될 수가 없어요.

 센서와 함께 로봇을 움직이게 만드는 부분이 바로 전기 모터, 유압, 공기압 같은 부분이에요.

 사람의 움직임은 근육이 움직이는 거고 로봇은 전기의 힘으로 움직여요. 전기가 근육 대신에 전기모터를 돌리거나 유압, 공기압 등을 돌려서 움직이게 하지요. 에스컬레이터 같은 게 유압으로 움직이는 대표적인 기계이고, 버스 문이 자동으로 닫히는 것은 공기압으로 움직이는 거지요. 로봇의 근육으로 가장 많이 쓰는 게 전기, 유압, 공기압입니다.

 사람처럼 로봇을 행동하게 만드는 건 매우 어렵습니다. 사람에게는 촉감이란 게 있는데, 로봇은 힘 센서, 운동 모멘트 센서, 아까 말했듯이 위치를 측정을 할 수 있는 센서, 팔을 얼마나 뻗었는지 각도를 측정하는 센서 등이 있어야 해요. 또 자세를 알 수 있는 자이로, 지구에서 얼마만큼 기울어졌는지 알 수 있는 경사계, 가속도계 등 아주 많은 센서들이 있어야 하지요. 그래야 로봇이 자기가 어떤 자세를 취하고 있는지, 팔을 걷어 들여야 되는지 판단을 할 수가 있지요. 로봇은 이런 첨단 기술들을 바탕으로 해서 움직이고 있습니다.

34 로봇은 눈과 귀, 코가 없는데 어떻게 보고 소리를 듣나요?

사람은 눈으로 보고 귀로 듣고 코로 냄새 맡는데 로봇은 어떻게 하나요?

사람의 눈과 귀, 코 등을 감각기관이라고 해요. 로봇은 감각 기관이 없지만, 센서가 있지요. 바로 센서가 감각 기관 역할을 해요. 카메라가 눈이 되고, 마이크로폰을 붙이면 귀가 되는 것이지요. 하지만 사람만큼 정교하지는 않아요.

카메라로 물건을 본다던가, 마이크로폰에 소리가 들어온다는 건 모두 신호에요. 신호가 들어오면 로봇이 그 신호를 이해하는 기능이 인공지능이지요. 인공지능이 로봇에게 액션을 취하도록 명령을 하지요.

펜을 들라고 로봇에게 명령을 하면, 로봇은 카메라로 펜인지 확인을 해서 펜을 들지요. 이런 것들이 모두 센서를 통해 들어온 신호를 인식하고, 어떤 경로로 팔을 어떻게 뻗어서 이것을 잡을 것이냐 판단을 하는 거예요.

책상 위 봉지에 든 빵과 과일과 계란 등이 있어요. 로봇에게 책상으로 가서 상한 빵이면 버리고, 안 상했으면 봉지를 뜯어서 가져오라고 명령한다고 생각해 보세요. 사람에게는 아주 간단한 동작일지 몰라도, 로봇에게는 보통 어려운 동작이 아니랍니다.

35 아주 멀리서도 로봇을 조종할 수 있을까요?

로봇은 스스로 반응을 하고 알아서 움직이는데 그 원리가 뭔지 잘 이해를 할 수 있도록 설명을 해 주세요.

로봇의 명령은 전파나 전기 신호를 통해 전해지므로, 전파를 보낼 수 있는 곳이면 명령을 전달할 수 있습니다. 화성에 있는 로봇에게도 명령을 내릴 수 있거든요. 집에서는 멀리 떨어져 있는 로봇에게 어떻게 명령을 전달할 수 있을까요? 멀리 떨어져 있는 텔레비전의 채널을 바꾸거나 볼륨을 줄일 때 리모컨을 사용하지요? 로봇도 마찬가지에요.

로봇 청소기

오준호 박사의 로봇 연구실

일본을 구한 로봇 영웅들

2011년 3월, 일본에 대지진이 일어났지요. 엄청난 지진과 쓰나미로 일본은 큰 피해를 입었어요. 특히 원전이 파괴되면서 방사능이 쏟아져 나오기 시작했어요. 사람이 근접할 수 없을 만큼 높은 방사선이 나오면서 사고를 수습할 수가 없을 정도였지요.

그런데 이런 위험한 상황에서 일본을 위기에서 구한 건 바로 로봇이었어요. 사람이 갈 수 없는 장소에서 사람 대신 작업을 하는 로봇을 '극한작업로봇'이라고 불러요. 극한작업로봇은 원자로, 무너진 건물, 깊은 바다 속이나 우주공간 등에서 작업을 하지요. 일본을 구한 대표적인 로봇 영웅들을 살펴볼까요?

팩봇

팩봇은 아주 유명하고 성능이 뛰어난 로봇으로, 원래 목적은 전투입니다. 이미 이라크 전쟁과 아프가니스탄 전쟁에서 성공적으로 임무를 수행했지요. 팩봇은 폭발물을 탐지하고 해체하는 역할을 하지요. 미국의 아이로봇 사에서 개발했으며, 길이는 90센티미터 정도로, 작은 탱크처럼 생겼어요. 모래, 계단, 바위 등 웬만한 장애물은 타넘고 갈 수 있지요. 원전 사고 때, 팩봇은 원전의 내부를 촬영해 상황실로 보고하고, 방사선량을 측정했으며, 밸브를 여는 등 다양한 임무를 성공적으로 해냈어요.

전투 로봇 팩봇

워리어

워리어는 물 공급 로봇입니다. 방사능이 심한 곳은 로봇이 작동하기가 어려워요. 방사선이 로봇의 전자회로에도 피해를 주기 때문이지요. 하지만 워리어는 특수 광섬유를 장착해서 이런 방사선을 막는 기능이 있어요. 워리어는 미국의 아이로봇 사에서 개발한 로봇인데, 원래 목적은 전투용입니다. 지뢰를 해체하기도 해요. 중량은 68킬로그램이지만, 사람보다 힘이 세서 100킬로그램은 쉽게 들 수 있어요.

원전 피해를 막으려면 물을 많이 공급해 줘야 하는데, 워리어는 아주 굵은 소방호스를 들고 원전으로 들어가 대량의 물을 공급하는 임무를 수행했어요.

티호크

정찰 로봇, 티호크

티호크는 정찰 로봇으로 헬리콥터 모양으로 생겼는데 중량은 10킬로그램에 불과한 작은 로봇이에요. 미국의 허니웰 사에서 개발한 이 로봇은 지상에서 3킬로미터의 상공에서 시속 74킬로미터의 속도로 비행하면서 공중에 40분 이상 머무를 수 있어요. 티호크는 원전 지역을 촬영해서 상황실에 보고하는 임무를 수행했어요.

드래곤 러너

드래곤 러너는 소형 정찰 로봇. 미국 해병대에서 사용하는 로봇으로, 워낙 작아서 자동차 밑바닥의 폭탄이나 몰래 실내 정찰을 하는 등의 임무를 갖고 있어요. 원전 사고 때에는 원전 내부에 있는 파손 상태를 알아보는 임무를 수행했어요.

쿠인스

쿠인스는 재해 대책 로봇으로 원자로 건물 내에서 사람 대신 건물 내부를 입체 촬영하고, 방사선을 확인하는 등 성과를 올렸어요. 초당 1.6미터로 이동할 수 있어요. 일본 치바 공대와 도호쿠 대학에서 공동 개발한 로봇이지요. 하지만 쿠인스는 높은 방사선으로 통신 두절이 되면서 임무를 수행한 후 완전히 고장이 나 버렸어요.

재해 대책 로봇, 쿠인스

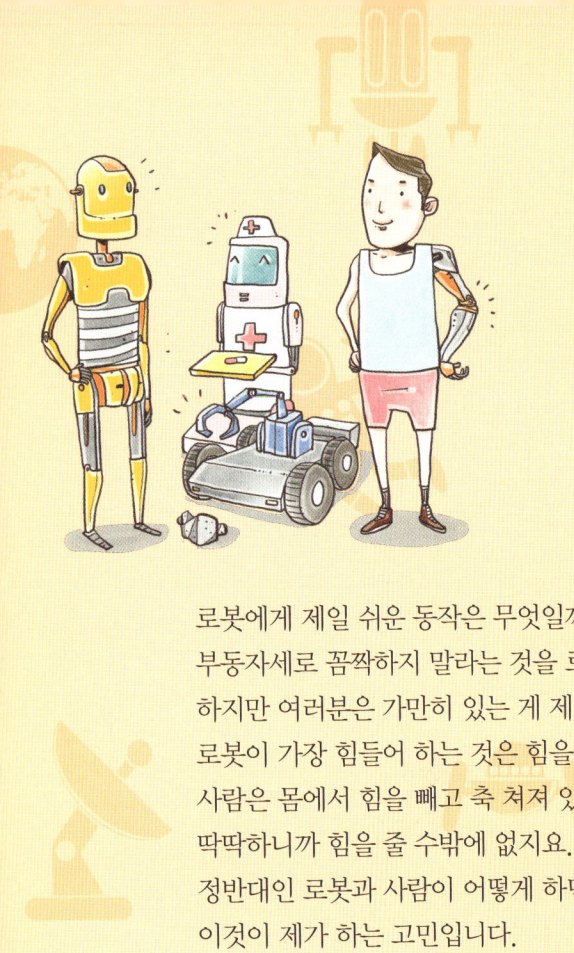

로봇에게 제일 쉬운 동작은 무엇일까요? 바로 가만히 있는 거예요.
부동자세로 꼼짝하지 말라는 것을 로봇은 제일 잘 합니다.
하지만 여러분은 가만히 있는 게 제일 어려울 거예요.
로봇이 가장 힘들어 하는 것은 힘을 빼고 늘어져 있으라는 명령이지요.
사람은 몸에서 힘을 빼고 축 쳐져 있기가 쉽지만, 로봇은 힘을 뺄 수가 없습니다.
딱딱하니까 힘을 줄 수밖에 없지요. 이처럼 로봇과 사람은 정반대입니다.
정반대인 로봇과 사람이 어떻게 하면 함께 살 수 있을까?
이것이 제가 하는 고민입니다.
과거에는 로봇이 산업현장에서 제조용으로
사용되며 기계와 기계 사이의 또 다른 기계로 취급받아왔습니다.
하지만 오늘날 로봇은 공장에서 벗어나 우리 생활 속으로 들어오고 있습니다.
로봇은 사람을 닮기 위해 노력하고 있습니다.
음악을 연주하는 로봇부터 군사용 로봇, 사람을 위로해 주는
애완용 로봇까지 로봇은 사람의 좋은 친구가 될 것입니다.

2부 다양한 로봇의 종류

전기 말고 다른 것을 먹는 로봇도 있나요?

세상에는 정말 많은 종류의 로봇이 있습니다. 사람처럼 생기지 않아서 우리 눈에 로봇으로 안 보일 뿐이지요. 자동차를 만드는 로봇부터 바다를 지키는 해파리 로봇, 사람 대신 전쟁터에 나가는 로봇, 수술을 하는 로봇까지 아주 다양하지요.

 **36 전기말고 다른 것을 먹는 로봇도 있나요?**

로봇이 사람처럼 밥을 먹으면 좋겠어요. 전기가 없는 곳에서도 움직일 수 있잖아요. 아니면 파리나 모기 같은 벌레를 잡아먹는 로봇이 있으면 어떨까요?

로봇은 음식 대신 전기를 먹는 것으로 알려져 있어요. 그런데 사람처럼 음식물로 에너지를 만드는 로봇이 있다고 하는군요. 물론 먹는 음식이 조금 이상하긴 하지만요.

에코봇은 파리를 이용해 에너지를 만드는 로봇이에요. 에코봇의 몸 안에는 다른 로봇과 달리 미생물 연료전지가 들어 있어요. 이 안에 파리를 집어넣으면 전지 속 박테리아가 파리를 분해하면서 에너지를 만드는 거예요. 에코봇은 2002년부터 만들어 지기 시작해서 요즘은 에코봇3가 개발 중이에요. 에코봇2까지는 사람이 죽은 파리를 미생물 연료전지 안에 넣어야 했지만 에코봇3부터는 스스로 파리를 잡아 에너지를 만들고 있어요. 파리뿐 아니라 모기까지 잡아먹는 로봇이 나오면 여름에도 걱정 없겠네요.

 **37 사람 몸의 일부를 로봇으로 만들 수 있나요?**

그러면 엄청 힘이 센 사람이 될 것 같아요.

사람 몸의 모든 부분을 기계로 바꿀 수는 없어요. 특히 머리, 뇌와 연결된 부분은 인간 존엄성이나 다른 부작용 때문에 쉽게 연구의 대상이 되기가 어려워요.

하지만 사람이 아닌 곤충을 로봇으로 만드는 것은 많이 시도되고 있지요. 로봇 공학자들은 곤충을 이용해서 사이보그 연구를 많이 한다고 해요. 곤충은 사람에 비해 신경세포 숫자도 적고, 조직이 단순해서 명령 전달 과정 등을 쉽게 파악할 수 있기 때문이래요.

2011년에는 미국 미시건 대학교에서 딱정벌레에 카메라와 마이크, 마이크로 프로세서 등을 장착시킨 사이보그 벌레를 개발했어요. 적군의 상황을 살피거나 중요한 회의 내용을 도청해 오는 로봇 벌레예요. 하지만 이 딱정벌레가 너무 유명해져서 결국 인명 구조대 역할을 맡기기로 했다고 해요.

그래도 머지않아 사이보그 곤충들이 전투 군대로 전쟁에 참여할 것으로 보이는군요.

딱정벌레 로봇

38 전투 로봇은 어떤 건가요?

미래에는 전쟁을 로봇이 대신한다고 들었어요. 전투 로봇은 어떤 게 있나요? 얼마나 강력한가요? 우리나라에도 전투 로봇이 있나요?

이미 전쟁에 많은 로봇들이 투입되고 있지요. 전쟁터는 사람의 목숨이 왔다 갔다 하는 곳이고 총알이 빗발치듯 날아올 때도 있잖아요. 그런 위험한 상황에서는 사람보다 로봇을 대신 시키는 것이 좋지요. 그래서 실제로 많은 부분이 무인화 되고 있고, 굉장히 똑똑해서 스스로 알아서 판단하는 쪽으로 발전하고 있어요.

크루즈미사일을 보세요. 대표적인 전투용 로봇이거든요. 단지 형태가 로봇처럼 생기지 않았을 뿐이지, 자기 스스로 날아가면서 판단하고 공격을 합니다. 이밖에도 무인폭격기, 지뢰탐지 등 전쟁에 로봇이 많이 사용되고 있어요.

우리나라에도 전투 로봇이 있지요. 이라크의 자이툰 부대에서 위험물 탐지 로봇을 사용했고, 경계 감시용 로봇을 사용해서 적군의 움직임을 살피기도 합니다.

39 사이보그는 실제로 있나요?

사람을 닮은 로봇을 사이보그라고 하잖아요. 사이보그에 대해 알고 싶어요.

휴 허 교수. 로봇 공학자이자 실제 인간 사이보그이기도 하다.

사이보그는 로봇의 한 종류인데요. 일반적인 로봇이 모두 기계로 만들어지는데 반해, 사이보그는 살아 있는 생명체의 일부만을 기계로 바꾼 로봇이에요. 옛날 영화에 나왔던 600만 불의 사나이나 소머즈, 아이언맨처럼 말이에요.

실제 사람의 다리나 팔에 기계 팔이나 다리를 연결해 자기 몸의 일부처럼 쓰는 사람들도 있어요.

미국 메사추세츠 공과대학(MIT) 미디어랩의 휴 허 교수는 정보통신이나 로봇 공학 등을 결합한 새로운 학문을 연구하는 박사인데, 젊었을 때 등산을 하다 두 다리를 잃었어요. 로봇 공학을 공부한 휴 허 교수는 잃어버린 다리 대신에 기계 다리를 붙여서 일반인과 똑같이 걷고 뛰어다닌다고 해요.

 **40 바닷속을 지키는 로봇이 있다고 들었어요.**
정말 깊은 바다를 혼자 돌아다니는 로봇이 있나요?

바닷속이 깨끗한지, 누가 나쁜 것을 버리지 않는지 지키는 로봇이 있어요.

물 속에서 떠다니는 해파리 로봇이 그 주인공이에요. 해파리 로봇은 스스로 에너지를 만들어 낼 뿐 아니라, 수압에도 모양이 변하지 않는 신기한 로봇이에요. 해파리 로봇 속에는 백금가루가 코팅된 탄소 나노 튜브가 들어 있는데, 바닷물을 이루고 있는 산소와 수소가 백금과 만나 에너지를 만들 수 있대요. 그리고 형상 기억 합금 기술이 적용되어서 바닷속 여러 요인이 영향을 줘도 원래의 모양으로 돌아올 수 있다는군요.

해파리 로봇은 아직 연구소 수조 탱크 속에서 살고 있는데, 머지않아 바다 생태지킴이로 활동한다고 하니 기대해 보기로 해요.

 로봇은 추운 극지방, 더운 열대 지방에서도 살 수 있을까요?

사람이 갈 수 없을 만큼 춥거나 더운 그런 곳이요.

로봇의 몸은 CPU나 여러 가지 칩으로 구성되어 있어요. 너무 온도가 높거나 낮으면 이런 구성품들이 제대로 작동하지 못해요. 그래서 특수한 환경에서도 잘 움직이는 로봇을 따로 만들었어요.

남극 탐사 로봇은 노마드라고 합니다. 바퀴가 4개 달린 자동차처럼 생겼는데, 남극을 누비면서 중요한 연구 자료를 찾아오지요.

뜨거운 화산 속을 탐험하는 로봇도 있어요. 로봇 단테는 화산 속 마그마와 가스 등을 조사합니다.

로봇박사의 연구 수첩

인간 대 로봇의 전쟁, 결국 누가 이길까?

로봇이 사람 대신 전쟁을 하면 어떻게 될까요? 로봇끼리 싸우니까 사람은 안전할까요? 아니면 전쟁이 더 무서워질까요?

로봇은 사람을 죽여도 죄책감이 없어요. 오직 명령만 수행할 뿐이지요. 사람은 로봇 뒤에서 화면을 보면서 로봇을 지휘할 뿐입니다. 그래서 로봇이 지배하는 미래의 전쟁은 참으로 무서워집니다. 인간의 존엄성은 사라지고, 로봇 조종사들은 게임을 하듯 적을 파괴하는 임무만 수행할 테니까요.

이미 무인 로봇의 실수는 잇따르고 있어요. 파키스탄에서는 미군의 무인항공기 드론의 잘못된 폭격으로 600명의 사람이 죽기도 했어요.

그래서 과학자들은 전투 로봇의 위험성에 대해 심각한 경고를 하기도 합니다. 최근 미국에서 개발한 이스터라는 로봇은 유기체 생존기법을 도입한 로봇이에요. 전기나 연료를 이용해서 움직이는 게 아니라, 사람처럼 70킬로그램의 음식물을 먹고, 160킬로미터를 움직일 수 있다고 해요. 그런데 이 로봇이 주어진 음식이 아니라 다른 먹잇감을 노린다면 어떻게 될까요? 사람을 공격할 수도 있지 않을까요? 섬뜩한 로봇이지요.

   로봇은 세상에서 가장 존엄한 사람의 생명을 지키기 위해 존재하는 것입니다. 따라서 로봇을 너무 과도하게 전쟁용으로 사용한다면 결국 그 피해는 결국 인간이 입게 될 것입니다.

거대 로봇 쿠라타스

 ## 42 로봇도 의사처럼 사람을 수술할 수 있어요?
병원에서 수술도 한다고 하더라구요.

사람의 몸은 아주 정교하고 세밀하게 만들어져 있어요. 얇은 혈관과 신경이 온몸 구석구석 뻗어 있기 때문에 수술을 할 때 조금이라도 실수를 하면 신경이 손상되거나 마비될 수 있어요. 예전에는 아주 얇은 혈관은 수술을 못하고 포기하기도 했었어요. 하지만 요즘은 로봇의 도움을 받아, 사람이 하기 힘든 부분까지 수술을 하고 있어요.

물론 수술 로봇이 사람 몸 안에 들어가서 수술할 수 있는 수준까지 발달하지는 못했어요. 사람의 세포 크기만큼 작은 나노 로봇을 만들기 위해 로봇 공학자들이 계속 노력하고 있어요. 지금도 수술실에서는 로봇 팔이 사용되고 있어요. 사람이 수술을 하다 신경이나 혈관을 건드리는 위험을 줄이기 위해서지요. 로봇 팔의 등장으로 더욱 정교한 외과 수술까지 할 수 있게 되었어요.

전립선 수술을 로봇이 할 경우 조그만 구멍 2~3개만 뚫어서 수술하기 때문에, 굉장히 정교하게 할 수 있지요. 수술 후 회복 또한 좋아서 3~4일 정도면 일상생활이 가능해요. 이런 수술은 로봇만이 할 수 있지요.

 ## 43 입는 로봇이 만들어진다고요?
<아이언 맨>이란 영화에서 입는 로봇을 본 적이 있어요. 강력한 힘을 내는 사람으로 만들어 준다고 하던데요?

사이보그처럼 사람 몸의 일부분을 기계로 만들지 않아도 로봇의 도움을 받을 수 있는 방법이 있어요.

방법도 간단해요. 안경을 쓰거나 신발을 신는 것만으로 몸의 기능이 확 바뀔 수 있어요.

예를 들어 로봇 안경을 쓰면 멀리 있는 것이 잘 보인다거나 상자 속 물건을 투시해 볼 수 있어요. 또 조끼를 입으면 근력이 강해져서 무거운 짐을 거뜬히 들 수도 있어요. 이제 간편하게 입거나 손목에 차는 것만으로도 사람을 도와줄 수 있는 로봇이 다양하게 개발되고 있어요.

44 신기하고 놀라운 로봇이 있으면 소개해 주세요.

지금까지 우리나라 말고도 여러 나라에서 다양한 스타일의 로봇이 만들어지고 있다고 들었어요.

제가 인간형 로봇으로 가장 놀랍다고 본 로봇은 미국의 보스턴 다이내믹스 사에서 나온 빅독과 패트맨입니다.

오준호 박사의 Q

로봇이 인간을 지배하는 시대가 올 수 있을까?

① 있다
② 없다

[정답] ② 불가능하다. 로봇은 인간이 만들어 낸 존재이므로, 인간을 뛰어넘을 수 없다.

동작이 굉장히 동물이나 사람과 유사해서 기술적으로 몹시 뛰어납니다. 패트맨을 유튜브에서 찾아보세요. 어떻게 저런 로봇이 있을 수 있는 지 감탄할 정도지요. 마치 살아 있는 동물 같은 느낌을 줍니다.

패트맨은 2족 보행 로봇으로, 실제 사람 크기와 비슷합니다. 아시모를 만든 혼다와는 다르게 실용적인 로봇을 만드는 보스턴 다이내믹스 사는 로봇을 잘 만들기로 유명한 회사중 하나이지요. 아시모는 걷기도 하고 뛰기도 하지만, 크기가 초등학생만큼 작아요. 그 이유는 크게 만들기가 어렵기 때문입니다. 하지만 패트맨은 놀라울 정도로 인간과 똑같이 걷습니다. 땅을 디딜 때에도 발꿈치부터 닿고, 앉는 자세도 할 수 있고, 팔굽혀펴기도 할 수 있지요.

패트맨은 미 육군에서 주문을 해서 만든 로봇입니다. 한 마디로 전투용 로봇이라는 거지요. 그래서 미국 성인의 평균 신장과 체중에 맞춰서 만들어졌어요. 키는 175센티미터, 몸무게 80킬로그램입니다. 개발비로만 2630만 달러(약 297억 원)이나 들였지요.

앞으로 패트맨은 미 육군에서 전투복 테스트 등을 할 예정이라고 하더군요. 터미네이터 같은 로봇이 등장할 날이 멀지 않은 듯하군요.

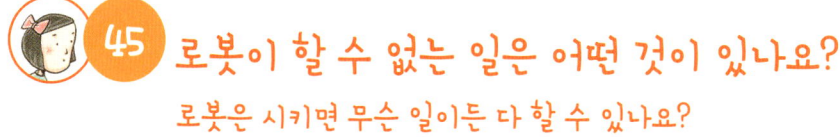

45 로봇이 할 수 없는 일은 어떤 것이 있나요?
로봇은 시키면 무슨 일이든 다 할 수 있나요?

로봇이 할 수 있는 일보다 할 수 없는 일이 훨씬 많지요. 로봇은 사람과 반대예요. 사람은 단순하고 반복적인 일을 싫어하지만, 로봇은 거꾸로 단순하고 반복적인 일을 잘 하지요. 사람은 힘들고 지저분한 일을 싫어하지만, 로봇은 상관없이 할 수 있어요.

하지만 로봇은 우리 가정에서 사람이 하는 일상생활 속의 일들, 예를 들어 요리를 한다거나 서비스를 한다거나 친구가 되어 주는 일 등은 어렵지요. 아직까지 로봇이 할 수 있는 일은 단순한 일밖에 없거든요. 청소 로봇처럼요. 그래서 로봇이 일상생활 속으로 쉽게 들어오지 못하는 거예요. 로봇이 잘하는 일, 사람이 잘하는 일을 서로 나눠서 하면 우리 사회가 훨씬 편해지지 않을까 생각합니다.

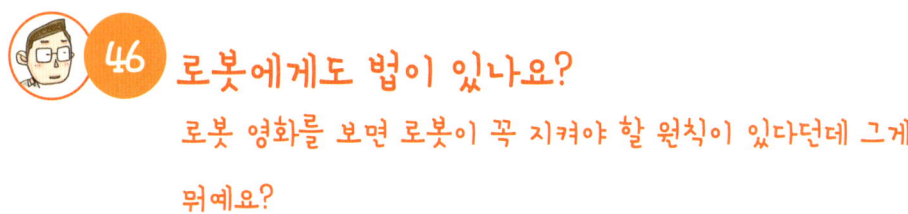

46 로봇에게도 법이 있나요?

로봇 영화를 보면 로봇이 꼭 지켜야 할 원칙이 있다던데 그게 뭐예요?

로봇 영화는 대부분 아이작 아시모프의 작품들인데요, 아이작 아시모프는 〈아이 로봇〉이나 〈바이센테니얼 맨〉의 원작자랍니다. 여러분들이 로봇의 반역이나 폭동을 두려워하는 것처럼 아이작 아시모프라는 작가도 로봇의 반격을 두려워했던 모양이에요. 아이작 아시모프는 자신의 공상과학 소설 속에서 로봇이 반드시 지켜야 할 세 가지 원칙을 만들었습니다.

1원칙 : 로봇은 인간에게 해를 끼쳐서는 안 되며, 위험에 처해 있는 인간을 방관해서도 안 된다.

2원칙 : 로봇은 인간의 명령에 반드시 복종해야만 한다. 단 1원칙에 거스를 경우는 예외다.

3원칙 : 로봇은 자기 자신을 보호해야만 한다. 단, 1원칙과 2원칙을 거스를 경우는 예외다.

아이작 아시모프는 위의 세 가지 원칙에도 불안했던 모양이에요. 나중에 0원칙을 추가했다는군요.

0원칙 : 로봇은 인류에게 해를 끼치지 않으며 인류가 위험하도록 방관하지 않는다.

로봇이 인간을 위협하는 일은 절대 없어야겠지요.

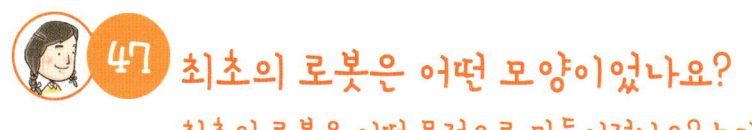

47 최초의 로봇은 어떤 모양이었나요?
최초의 로봇은 어떤 목적으로 만들어졌나요? 누가 만들었나요?

사실 로봇 하면 로보트 태권브이처럼 힘이 센 전투 로봇이나 바이센테니얼 맨에 나오는 사람과 똑같이 생긴 로봇을 떠올릴 거예요. 하지만 실제 생활에서 가장 많이 사용되는 로봇은 산업용 로봇이에요.

똑같은 과정을 반복해야 하거나, 무거운 물건을 들어 올리는 일을 사람 대신 로봇이 하는 것이지요. 이런 산업용 로봇은 모양도 예쁘지 않고, 마치 기계 장치들을 연결해 놓은 것처럼 삭막하게 생겼어요. 하지만 이런 산업용 로봇이 없다면 많은 공장이 일을 제대로 처리하지 못해서 헉헉댈 거예요.

이런 산업용 로봇은 1961년에 처음 만들어졌어요. 유니메이트라는 일종의 팔 로봇인데요. 조셉 엥겔버거라는 로봇 공학자가 만들었어요.

유니메이트는 미국의 전자회사인 제네럴 일렉트릭 사에 가장 처음 설치되었는데, 본격적인 대량 생산의 산업사회를 이끈 주역이라고 할 수 있지요.

팔레스타인 예민에 사는 아이들은 로봇을 좋아하지 않아요. 거대한 로봇이 들이닥쳐 마을을 쑥대밭으로 만들기 때문이지요.

이스라엘 군은 D9이란 거대 로봇을 사용해 예민 마을을 공격했어요. D9은 불도저처럼 생겼는데, 마을을 마구 짓밟고 다녔어요. D9 때문에 집은 무너지고, 벽이 허물어졌어요.

팔레스타인 마을 사람들은 D9에게 돌을 던지면서 맞섰지만, 가까이 다가갈 수도 없었어요. D9에는 총과 로봇 팔이 장착돼 있어서 사람들이 공격하면 총을 쏘거나 로봇 팔로 공격을 했으니까요.

"우리는 로봇이 싫어요!"

하고 팔레스타인 아이들은 D9을 저주했어요.

로봇을 어떻게 사용해야 할까요? 인간이 로봇을 어떻게 사용하느냐에 따라 로봇은 인간의 친구가 될 수도 있고, 인간을 공포에 빠뜨릴 수도 있다는 것을 알아야 합니다.

 **48 로봇은 어떤 센서를 갖고 있나요?**

사람은 오감이라는 게 있잖아요. 로봇에게 오감을 대신해 주는 센서로는 어떤 게 있나요?

사람은 눈, 귀, 코, 입, 피부 등을 통해서 외부의 자극을 받아들입니다. 로봇 역시 인간처럼 듣고 보고 느낄 수 있다고 합니다. 바로 여러 가지 센서를 통해서지요. 로봇의 눈과 귀를 대신하는 센서로는 어떤 것이 있는 지 알아볼까요?

시각 센서: 로봇의 눈 역할을 하는데 주로 모양이나 색, 빛의 밝기 등을 인식할 수 있어요.

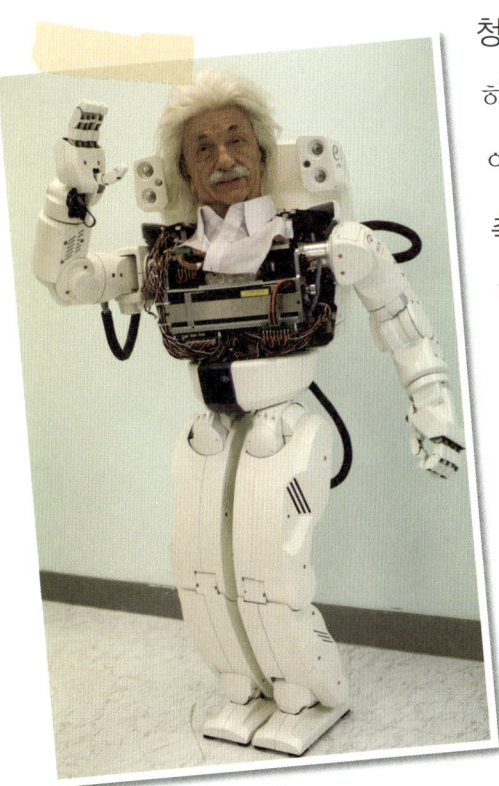

알버트 휴보의 내부의 모습

청각 또는 음성 인식 센서: 로봇의 귀 역할을 하는 장치인데, 센서를 이용해서 소리 진동이나 음량을 측정할 수 있어요.

촉각 센서: 사람의 피부처럼 무엇을 만졌을 때 느낌을 알 수 있게 도와주는 장치예요. 압력이 가해지면 부딪혔다는 것을 알 수 있어요.

후각 센서, 미각 센서: 냄새를 맡거나 맛을 알 수 있는 센서인데, 널리 사용되지는 못하고 있어요. 이런 부분까지 완벽하게 구현되면 로봇과 인간이 느낄 수 있는 자극이 아주 많이 비슷해 지겠지요.

49 로봇에게는 신분증이 없나요?

어른들에게는 주민등록증이 있잖아요. 로봇에게는 그런 신분증을 안 주나요?

로봇은 사람이 아니니까 주민등록증을 발급해 주지는 않아요. 하지만 아주 재미있는 경우가 있기는 하지요. 로봇등록증이라고 들어 보셨나요? 주민등록증처럼 로봇의 특징을 기록한 일종의 증명서입니다. 우리나라에서는 2006년에 처음이자 마지막으로 로봇등록증을 발급했답니다.

대한민국 로봇등록증 1호의 대상자는 바로 로보트 태권브이인데, 2006년 당시 산업자원부 장관이 발급해 준 등록증이에요. 로보트 태권브이 탄생 30

주년을 기념해 만들어졌다고 하는데, 재미있기도 하고 어이없기도 한 황당한 뉴스군요. 로봇등록증에 로보트 태권브이는 군사용 로봇으로 기록되어 있네요.

50 눈에 보이지 않는 작은 로봇이 있다고 들었어요.
엄청나게 작아서 사람 몸속으로 들어갈 수 있는 로봇이 있다고요. 얼마나 작고, 어디에 사용하는 건가요?

나노 로봇 말이군요. 나노는 원래 10억분의 1을 가리키는 말로 원자나 분자처럼 눈으로 볼 수 없는 아주 작은 크기를 말하는 것이지요. 사람의 세포처럼 아주 작은 크기로 만들어진 로봇을 나노 로봇이라고 하는데 특히 의학 분야에 큰 도움을 줄 수 있을 것으로 생각하고 있습니다.

너무 위험해서 현대 의학기술로는 손댈 수 없는 수술이나 몸속의 나쁜 암 덩어리 같은 것을 찾아내서 없애고 나올 수 있대요. 현재 나노 로봇이 완벽하게 완성된 것은 아니지만, 몇몇 대학에서 나노 로봇을 개발해서 테스트하고 있다고 해요.

얼마 전 하버드 의대에서는 인간의 DNA 구조와 비슷하게 생긴 나노 로봇을 개발했다고 해요. 이 나노 로봇은 몸 안에 있는 암세포만을 찾아내서 암세포 위에 암세포를 없애는 약을 뿌릴 수 있대요. 암세포에만 약을 뿌리기 때문에 몸의 다른 부분에는 해가 없고, 암만 없앨 수 있을 것으로 기대하고 있어요.

또 사람의 디엔에이(DNA) 구조와 비슷하기 때문에 치료가 끝난 다음에는 사람 조직처럼 자연스럽게 몸 안에서 녹아 없어진다는군요. 아직 동물 실험도 완성되지 않은 상황이지만 이런 나노 로봇이 가까운 미래에 사람들의 아픈 곳을 잘 치료해 줄 것으로 기대하고 있어요.

51 전투 로봇은 사람 대신 어떤 일을 하나요?

전투 로봇이 하는 일을 자세히 알고 싶어요.

오준호 박사의 Q

다음 중 전투 로봇이 아닌 것은?
① 크루즈 미사일
② 뱀 로봇
③ 무인 전투기
④ 빅독

[정답] 없음. 네 가지 모두 전투 로봇임.

2000년대 이후 전쟁에 로봇이 정말 많이 사용되고 있어요. 전투 로봇은 로보트 태권브이처럼 적을 물리치거나 상대방 로봇을 부수는 싸움꾼 로봇만 있는 것은 아니에요. 전쟁터에 숨겨져 있는 폭발물을 찾는다거나, 정찰을 가거나, 아픈 병사를 치료하기도 해요. 하는 일은 달라도 모두 전쟁터에서 일하는 로봇들이지요.

1998년 아이로봇 사에서 처음 만든 팩봇은 우리가 생각하는 로봇보다 훨씬 작아요. 무게는 약 20킬로그램 정도로 배낭 안에 들어갈 크기에요. 군인들이 앞으로 나아가기 전에 미리 정찰을 나가 폭발물이 없는지, 다른 위험한 상황은 아닌지 살펴보는 역할을 했어요.

팩봇은 사람이 조종을 할 수도 있지만, 스스로 알아서 조종해 나가며 이동할 수도 있고, 탐사를 시작한 출발 지역으로 다시 돌아올 수도 있어요. 그래서 전쟁터뿐 아니라 지진이나 폭발 같은 큰 사고가 발생한 위험한 장소에서도 큰 역할을 담당하고 있어요. 얼마 전 일본에서 발생한 원자력 사고 때도 팩봇이 투입되어 사고 현장 상황을 알 수 있었어요.

팩봇 외에 하늘을 날아다니는 무인 항공 로봇 프레데터나 엘비스 같은 병원용 로봇들이 이미 전투에 투입되어 큰 활약을 했어요.

우리나라도 이라크 전쟁 때 자이툰 부대를 파병하면서 국내에서 만든 로봇을 함

전투 로봇 팩봇

께 내보냈는데, 이지스라는 전투 로봇은 순찰 로봇으로 주변에 이상한 침입자는 없는 지 살필 수 있고, 소총도 장착되어 있어 공격도 할 수 있다고 해요.

52 로봇도 사람처럼 트림하거나 방귀를 뀌게 할 수 있나요?

만들 수는 있어요. 만들기는 만드는데 그걸 누가 살까요? 살 사람이 없으면 왜 만들까요?

트림이나 방귀는 사람이 음식을 섭취하는 과정에서 발생한 이산화탄소 때문에 발생하는 인간 생리현상이에요. 따라서 전기로 열량을 확보하는 로봇은 이런 생리현상이 일어날 수 없겠지요. 사람처럼 음식을 섭취하고 소화하는 것이 아니라 기계 장치를 통해 일부러 이런 행동을 할 수 있게 만들 수는 있어요. 하지만 트림을 하거나 방귀를 뀌는 목적이 분명하지 않아요. 단지 재미를 위해서라면 굳이 만들어야 할 필요가 없지요.

53 사람처럼 친근감 있는 로봇을 친구로 가지고 싶어요.

너무 완벽한 로봇은 싫어요. 너무 로봇 같은 것보다 약간 어설프지만 사람 같은 로봇이 좋아요.

어떤 과학자들은 로봇이라는 걸 뻔히 아는데 사람처럼 만들 이유가 있냐고 해요. 로봇이 웃는 걸 보면 정말 좋아서 웃는 게 아니니까요. 로봇이 말을 하면 스피커로 말하면 되지 굳이 사람처럼 목젖을 움직이면서 말하게 할 필요가 있냐는 거지요. 로봇은 그냥 로봇처럼 생기면 된다고 생각하는 거지요.

하지만 저는 그렇게 생각하지 않아요. 사람처럼 생기도록 만드는 것도 중요한 목적입니다. 그것이 재미를 위해서든 다른 것을 위해서든 중요한 연구 목적이 분명합니다.

많은 사람들이 기계처럼 딱딱하고 어색한 로봇보다 사람의 행동에 자연스럽게 반응하면서, 정해지지 않은 행동을 하는 로봇을 원하고 있어요.

1차적으로는 여러 가지 다양한 센서를 장착해, 로봇이 이해할 수 있는 명령의 종류와 가짓수를 많이 늘리고 있어요. 또 사람의 말을 이해할 수 있도록 로봇의 언어 이해 장치 개발에도 노력을 기울이고 있고요.

인공지능을 갖고 있는 로봇이 완성되면 좀 더 인간적이고 개성 있는 답변을 할 수 있는 로봇이 만들어 지리라 기대하고 있어요.

 54 로봇은 올림픽에 나가면 안 되나요?
로봇이 올림픽에 나가면 금메달을 딸 수 있지 않을까요?

올림픽이나 스포츠는 인간이 외부의 어떤 도움도 없이 자신의 능력을 향상시켜 실력을 겨루도록 하고 있어요. 만약 마라톤 선수가 속도를 내기 위해 특수한 약을 먹었다면 그 선수는 아무리 달리기를 잘해서 우승을 하더라도 선수 자격을 박탈당하도록 하고 있어요.

그런데 로봇은 만드는 사람이 원하는 부분의 성능을 좋게 만들 수 있어요. 로봇을 만드는 사람의 노력에 따라 사람보다 훨씬 뛰어난 능력을 갖게 되지요. 로봇은 노력 없이 다른 사람과 대결을 하는 것이기 때문에 스포츠의 기본 정신에 맞지 않아요.

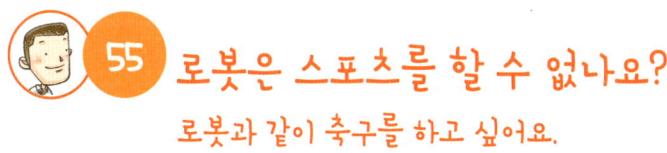

55 로봇은 스포츠를 할 수 없나요?
로봇과 같이 축구를 하고 싶어요.

로봇은 로봇 제작자가 설계와 프로그래밍, 조립을 통해 만들어 낼 수 있어요. 로봇 제작자가 설계하는 내용에 따라 스포츠를 하는 로봇도 만들 수 있지요.

처음에는 작은 미니 축구장에 공 하나를 놓고, 여러 대의 미니 로봇들이 상대의 골대에 공을 넣는 축구 배틀 로봇이 만들어졌어요. 이 미니 로봇들은 로봇이라기보다는 마치 겉부분이 없는 자동차의 기계 장치처럼 생겼지요. 휴머노이드 로봇이 점차 발전하면서 인간의 스포츠 행동을 따라하게 만든 로봇이 만들어지고 있어요. 하지만 아직 빠르게 달리기를 하거나 높이뛰기를 하는 등 고난이도의 스포츠를 할 수 있는 로봇은 만들어 지지 못했어요.

로봇이 올림픽에 참가할 수 없는 것처럼 반대로 사람이 참가할 수 없는 로봇들의 올림픽이 있어요.

2004년 처음 미국에서 로보림픽이 열렸는데, 걷기, 축구, 리본 잡고 오르기 등 모두 31개 종목이 있답니다. 로보림픽에 참여하는 로봇들은 참가하는 종목을 잘 할 수 있도록 다리가 여러 개 달리기도 하고 기계 자동차 모양을 하기도 해요.

56 로봇 종류가 많다고 하는데, 어떤 로봇들이 있나요?

기계로 만들어진 로봇이지만, 모양이나 발달 수준, 할 수 있는 일 등에 따라 여러 분류로 나눌 수 있어요.

우선 로봇의 모양에 따라 휴머노이드와 일반 로봇으로 나눌 수 있어요. 사람처럼 생긴 로봇은 휴머노이드라고 해요. 두 다리로 2족 보행을 하고, 사람과 비슷하게 생겼어요.

휴머노이드 이외의 다른 일반 로봇들은 대부분 목적별로 나누어 구별하고 있어요. 생산 과정의 일부분을 맡아서 임무를 처리하는 산업용 로봇과 특정 업무를 맡아 그것을 처리하는 서비스 로봇으로 나누죠. 서비스 로봇에는 탐사 로봇, 전투 로봇, 의료 로봇, 구조 로봇 등이 있어요.

완벽한 기계 로봇은 아니지만, 뇌 이외의 다른 부분을 기계로 바꾼 인조인간은 사이보그라고 해요. 지금은 다리나 팔 등 신체 일부에 장애가 생겼을 때

부분적으로 사용되고 있고요. 영화에 나오는 것처럼 몸 전체를 기계로 바꾼 사이보그는 아직 등장하지 않았어요.

 57 숙제를 대신해 주는 로봇이 있나요?

저는 정말 숙제하는 게 싫어요. 로봇이 대신 숙제를 해 주면 좋겠어요.

하하하! 물론 일부는 가능해요. 단순한 숙제겠지요. 다른 친구의 숙제를 그대로 베끼는 정도는 할 수 있겠지요. 하지만 그건 바람직하지 않잖아요? 그리고 그런 숙제는 선생님이 금방 알아차리실 걸요. 조금이라도 복잡한 숙제라면 로봇이 대신 해 주는 것은 불가능해요.

58 로봇끼리만 살 수 있을까요?

미래에 사람이 멸종을 하면 사람은 지구에서 사라지고 로봇만 사는 지구가 될까요? 또 지구가 오염돼 사람이 외계로 떠나면 지구에 로봇만 살게 될 수 있을까요?

그런 걸 슈퍼휴먼이라고 하지요. 언젠가 인간보다 훨씬 뛰어난 로봇이나 생명체를 만들 수도 있겠지요. 하지만 아직은 공상과학소설 속의 얘기일 뿐입니다.

먼 미래에 외계 행성에 로봇을 보내서 로봇이 식민지를 건설할 수도 있겠지만, 로봇이 인간을 지배하는 시대는 오지 않을 것입니다.

로봇은 어차피 인간이 만들어 낸 존재입니다. 그래서 인간을 뛰어넘을 수 없어요. 물론 로봇이 고장이 날 수는 있어요. 갑자기 집에 있는 로봇이 고장이 나서 인간을 공격할 수는 있겠지요. 하지만 그건 로봇이 똑똑해서 그런 게 아니라, 인간의 실수로 고장이 난 거니까요.

오준호 박사의 Q

지금 이 순간, 화성에서 외계인을 찾는 로봇이 있을까?

① 있다
② 없다
③ 앞으로 있을 것이다

[정답] ① 스피리트, 오퍼튜니티, 큐리오시티 등이 화성 탐사를 하고 있다.

이미 시작된 로봇 전쟁의 시대

로봇이 가장 많이 사용될 곳은 어디일까요? 과학자들은 전쟁터가 그중 한 곳이라고 예측하고 있어요. 전쟁터는 사람의 목숨을 위협하는 위험한 곳이 많으므로, 로봇이 사람 대신 전투를 하도록 개발하려고 하지요. 이미 많은 로봇들이 전투에 투입돼 사람 대신 위험한 임무를 수행 중입니다. 이라크와 아프카니스탄 전쟁엔 1만 2000대 이상의 지상 로봇이 배치됐고, 공중엔 7000여 대의 무인기가 떠 있었지요.

하지만 일부 전투 로봇들은 적을 살상하는 목적으로 만들어지기 때문에 비판의 목소리도 높습니다. 어떤 로봇들이 미래의 전쟁에 투입될 것인지 살펴볼까요?

빅독

빅독은 인간을 대신할 강력한 전투 로봇입니다. 미국의 로봇 개발회사인 보스턴 다이내믹스 사에서 개발한 로봇으로, 빅독은 거대한 개라는 뜻이지요. 이 로봇은 지금 미래 전쟁에서 사람을 대신해서 전쟁을 할 전투 로봇으로 알려지고 있어요. 네 발로 된 튼튼한 하체에 총이나 로켓 등을 달아서 공격을 할 수 있지요. 미래에는 빅독이 전투를 하게 될 것입니다.

거대한 개 로봇 빅독

RiSE V3

RiSE V3는 스파이 로봇, 빅독을 개발한 미국 보스턴 다이내믹스 사에서 개발한 로봇으로, 스파이더맨처럼 벽을 수직으로 타는 로봇이에요. 다리에 유압펌프와 모터를 이용해 집게발로 벽을 타지요. 발 밑에는 바늘이 달려 있어서 미끄러지지 않아요. 로봇 앞면에 렌즈와 마이크가 달려 있어서 상대방을 알아 보고 소리를 들을 수 있어요. 사람이 오를 수 없는 장소에 있는 적을 탐지하는 스파이 로봇 역할을 해요.

견마 로봇

견마 로봇

전투 및 지뢰 탐지, 정찰 로봇. 우리나라에서 개발중인 이 로봇은 군인을 대신해서 군인의 위험한 임무를 대신 수행하는 역할을 맡고 있어요. 인공지능이 있어 장애물을 피해 스스로 움직이고, 카메라에 찍힌 영상을 군 상황실로 보내는 등 감시와 정찰, 지뢰 탐지 등을 해요. 적외선 탐지기가 달려 있어서 야간에 체온으로 적군의 움직임을 알아냅니다. 또 기관총이 달려 있어 전투병 역할도 하지요. 이미 460억 원의 개발비를 들인 이 로봇은 지금은 거의 완성 단계에 있어요.

마르스

마르스는 기관총을 단 인명살상용 정찰 로봇입니다. 아이로봇 사에서 개발한 팩봇이라는 정찰 로봇을 업그레이드해서 만든 로봇으로, 이라크 전쟁에 수천 대가 투입돼 임무를 수행한 로봇이에요. 팩봇은 카메라가 달린 긴 팔로 위험물을 제거하지만, 마르스는 정찰을 하고, 전자동 기관총으로 적을 공격하는 임무를 갖고 있지요.

프레데터

프레데터는 미국의 무인 전투기로 미국에서 사용하는 로봇 전투기로, 사람이 타지 않는 무인기예요. 길이는 8.2미터, 폭은 14.8미터, 중량은 512킬로그램으로, 시속 217킬로미터로 날 수 있어요. 첨단 미사일을 장착해 지구 어느 지역으로도 보내 적을 공격할 수 있어요. 미국 중앙정보국(CIA)은 중동에 있는 예멘의 사막 지역에서 알카에다의 간부를 프레데터를 이용해 암살하기도 했어요.

무인 전투기 프레데터

시글라이더

시글라이더는 해양 정찰 로봇입니다. 긴 피뢰침 모양의 꼬리를 갖고 있는 로봇으로, 바다 속을 소리 없이 돌아다니면서 수천 킬로미터를 이동해요. 한 번 임무를 맡으면 몇 달 동안 쉬지 않고 임무를 수행하는 끈질긴 정찰 로봇이에요. 적을 탐지할 때에는 꼬리를 물 위로 내밀어서 정보를 수집하지요.

시글라이더

저는 어릴 때 꿈이 과학자였습니다.
그 꿈을 잊지 않고 계속 간직하고 열심히 노력했지요.
그러다 보니 로봇을 완성하게 됐고, 사람들은 나를
한국 로봇의 아버지라고 부르더군요.
사람들은 제게 어떻게 로봇을 만들 수 있는지 묻곤 합니다.
제 생각에 로봇은 상상력의 결과입니다.
제 꿈은 사람을 편하게 해 주는 로봇을 만드는 것이며, 지금도 날마다 상상합니다.
여러분도 상상하세요. 여러분이 꿈꾸면, 그 꿈은 이루어집니다.
저는 그저 로봇을 만드는 일이 재미있었습니다.
열심히 하다가 보니 여기까지 오게 된 거지요. 여러분도 좋아하는 일을 하세요.
 주저하거나 포기하지 말고, 열심히 노력하고 도전하세요.
그것이 바로 세계 최고의 수준에 오르는 길입니다.

3부
로봇과 꿈

움직이는 로봇을 만들고 싶은데, 어려운가요?

로봇을 만들고 싶은가요? 그러면 꿈을 키우세요. 미래는 로봇의 세상입니다.
여러분이 놀라운 창의력으로 세계 최고의 로봇을 완성해 보세요.
지금부터 당장 도전해 보아도 좋아요. 어떻게 하냐고요? 제게 질문하세요!

 **59 움직이는 로봇을 만들고 싶은데, 어려운가요?**

움직이는 로봇을 만드는 쉬운 방법은 없을까요? 저는 장난감 블록으로만 만들어 봤어요.

어떻게 보면 세상에서 가장 만들기 쉬운 기계 중에 하나가 로봇이에요. 로봇은 재료가 많이 없어도 만들 수 있어요. 예를 들면 자동차는 만들기 어려울지 몰라요. 자동차는 정해진 기본 구조가 있잖아요. 바퀴가 4개 있어야 되고 철판이나 엔진도 있어야 하지요.

그런데 로봇은 막대기를 붙여서 움직이게 하면 로봇이잖아요. 그러니까 로봇은 기본적으로 상상력의 산물이에요. 어떻게 보면 로봇이라는 것은 부품들만 있으면 엮어서 만들 수가 있어요. 레고 블록, 마인드스톰처럼 로봇 키트로 만들 수도 있지요.

기초 단계의 미니 로봇은 초등학교 고학년이라면 누구라도 쉽게 만들 수 있어요. 간단한 청소 로봇이나 깡통 로봇 같은 것들이 있어요. 스스로 판단을 해서 움직이는 로봇은 만드는 게 상당히 어렵지만요.

제가 만약 여러분처럼 초등학생이라면, 저는 지금도 어디엔가 숨어서 모터를 뜯고, 시계태엽 풀어서 톱니바퀴 같은 걸 만들고 해서 제 나름의 로봇을 완성할 거예요. 아주 웃기는 모양이 될 지라도 그렇게 만들었을 거예요.

내가 만든 로봇들, 세상을 깜짝 놀라게 하다

지금까지 제가 만든 로봇들을 소개해 볼게요. 저는 2002년부터 휴머노이드를 개발하기 시작했어요. 제가 처음 완성한 로봇은 KHR-1입니다.

KHR-1은 카이스트 휴머노이드 로봇-1이란 뜻이에요. 카이스트에서 만든 최초의 휴머노이드라는 뜻이지요. 2002년에 시작해 1년 정도 걸려 완성했는데, 이것은 세계적으로 굉장히 빨리 개발한 것입니다. KHR-1이 걷기 직전 단계까지 갔을 때 주변에서 관심을 갖기 시작했어요.

KHR-1을 완성하고 지원금을 받아 KHR-2를 개발하기 시작했어요. 이때부터 휴머노이드 몸 전체를 설계했지요. KHR-1과 KHR-2는 두 다리로 걷는 2족 보행 로봇입니다. KHR-2는 제가 완성한 로봇 휴보의 바로 전 모델이지요. KHR-3에 이르러서 드디어 휴보가 완성됩니다.

휴머노이드 로봇 휴보는 여러분도 아실 거예요. 휴보(HUBO)는 휴머노이드(Humanoid)와 로봇(Robot)의 합성어예요. 휴보는 120센티미터의 키에 몸무게 55킬로그램으로 한 시간에 1.2킬로미터를 걸을 수 있어요.

일본의 아시모는 26개의 모터가 달려 있지만, 휴보는 아시모보다 훨씬 많은 41개의 모터가 동시에 움직여요. 그래서 휴보는 수화가 가능할 만큼 다섯 손가락을 모두 움직일 수 있고, 사람의 움직임과 비슷하지요. 또 사람의 목소리를 인식하고 말을 할 수 있고, 두 눈이 따로 움직이는 기능까지 갖추고 있어요.

휴머노이드 로봇 휴보

알버트 휴보

키 137센티미터, 무게 57킬로그램인 지능형 휴머노이드 로봇 알버트 휴보는 아인슈타인 얼굴을 하고, 얼굴 근육까지 자유롭게 움직여요. 30가지 정도의 표정이 가능하니까 정말 사람을 닮았지요.

알버트 휴보는 미국 ABC 방송에 특별 손님으로 초대될 만큼 세계적으로 인기를 끌었습니다. 인간의 감정을 표현할 수 있는 얼굴을 가졌으며, 사람의 얼굴을 기억해 내는 등 다양한 기능이 있지요.

저는 휴보를 업그레이드해서 알버트 휴보와 휴보 FX-1을 개발했어요. 휴보 FX-1의 가장 큰 특징은 사람이 올라타서 직접 조작을 할 수 있도록 고안됐다는 점이지요. 이를 위해 덩

악수하는 알버트 휴보

치도 매우 커졌어요. 키 2미터에 몸무게가 300킬로그램은 되지요. 휴보 휴보 FX-1은 사람들이 직접 로봇 기술을 체험하도록 하는 엔터테인먼트 용도로 사용해요. 하지만 좀 더 업그레이드해서 작업용 로봇으로 활용할 수 있도록 할 생각입니다.

휴보 FX-1

 **60 로봇을 만들려면 어떤 공부를 해야 할까요?**
어른이 되면 로봇 과학자가 돼 로봇을 만들고 싶어요. 어떻게 해야 할까요?

로봇 과학자가 되기 위해 특별한 공부할 필요가 없어요. 로봇이라는 것은 전혀 공부를 할 대상이 아니에요. 레고 블록을 공부하겠다는 것하고 똑같은 거예요. 로봇이라는 것은 수단이지 목적일 수가 없어요.

과학자가 되려면 모든 것에 관심과 호기심을 가져라! 이것이 제 대답입니다. 로봇을 좋아하면 로봇을 충분히 즐기세요. 자기가 직접 해보는 게 중요해요. 키트를 사지 말고 자기가 스스로 생각해 보고 만들어 보세요.

정말 스스로 기계를 깎아서 만드는 거지요. 줄질도 하고, 고무줄도 끼우고, 태엽도 감고, 모터도 바꾸고, 건전지도 넣고요. 그런데 요즘은 그렇게 할 수 있는 환경도 안 되어 있을 뿐더러 그럴 필요도 없어요. 키트에 꼽고 연결만 하면 할 수 있게 되어 있다니까요.

 **61 기계를 분해해서 열어보고 싶어요.**
여러 가지 기계를 분해해 보면 로봇 과학자가 되는데 도움이 될까요?

저도 어렸을 때 기계를 부숴 보고 조립도 해보고 그랬어요. 제가 어렸을 때에는 키트 같은 게 없었거든요. 그런데 요즘은 키트 같은 장치가 너무 잘 돼 있어요. 말하자면 지금은 이미 음식을 다 만들어 놓은 거지요. 옛날에는 아무것도 없기 때문에 요리를 할 수밖에 없었는데, 지금은 물만 부으면 다 요리가 되는 거예요. 그래서 저는 요즘 어린이들이 더 불행하다는 생각이 들어요. 아무리 노력을 해도 조립 키트보다 더 좋은 것을 만들 수가 없게 되었으니까요.

저는 제가 다 만들었어요. 모터도 감아서 만들었어요. 왜냐하면 모터가 없으니까요. 쿠킹포일을 가져다가 형광등을 부수어 철심으로 감았어요. 그 자체가 신기했어요. 우유 깡통에 막대기와 기저귀 고무줄을 이용해 알코올 램프에 붙여서 증기기관을 만들었어요. 배를 만들고 싶어서 통나무를 직접 깎아서 만들었어요.

여러분도 직접 해보세요. 물론 너무 위험한 짓을 해서는 안 되지만요.

62 댄스 로봇은 어떻게 만드신 거예요?

가수 김장훈이랑 무대에서 춤추는 로봇을 봤어요. 박사님이 만드셨다는데, 어떻게 만드신 거예요? 앞으로 연예인 로봇도 나올까요?

춤추는 휴보

댄스 로봇을 새로 만든 것이 아니라 휴보로 김장훈 씨랑 춤을 추게 한 겁니다. 휴보가 잘하는 건 인간의 행동을 흉내 내는 거지요. 그래서 춤추는 걸 흉내 내도록 한 겁니다. 앞으로 연예인 로봇들이 나올 거예요. 로봇들이 한 줄로 춤도 추고, 노래도 하겠지요. 공연으로 많은 사람들에게 즐거움을 줄 수도 있을 겁니다.

 63 로봇 영재가 되려면 어떻게 해야 하나요?
저도 박사님처럼 로봇 영재가 되고 싶어요.

영재란 어떤 사람일까요? 저는 하고 싶어서 견디지 못하는 사람이 영재라고 생각해요. 음악 영재라면 피아노를 치고 싶고, 피아노 치는 게 정말 즐겁고, 피아노를 못 치게 하면 못 견디는 거예요. 바둑 영재, 수학 영재도 그래요. 하고 싶어서 잠시라도 못 견디는 게 영재지요.

과학 영재는 호기심을 견디지 못하는 거지요. 로봇 영재라면, 로봇을 보면 눈이 뒤집힐 정도로 좋아하는 정도가 아니고, 거의 미칠 정도로 좋아하는 거지요. 본 거 또 보고, 또 보고, 만지고 또 만지고, 로봇이 정말 예뻐서 어쩔 줄 모르는 거예요. 그러면 저절로 로봇을 잘 알게 됩니다.

 **64 어렸을 때 박사님은 공부를 잘하셨나요?**
학교 다닐 때 다른 아이들이랑 조금 다르셨나요? 어떻게 공부해야 박사님처럼 훌륭해질까요?

전 공부 잘 못했어요. 하지만 제가 좋아하는 건 정말 열심히 했습니다. 저는 백과사전을 많이 봤어요. 심심하면 봤지요. 정말 재미있었어요. 어느 정도냐 하면, 가나다 순으로 읽고 또 읽었어요. 그림이 있으면 찾고, 또 읽고 왔다 갔다 하면서요.

초등학교 때부터 1년에 한두 번씩 훑어봤어요. 이해가 안 되던 것이 학년이 올라가면 이해의 폭이 넓어지지요. 모르면 찾다가 뛰어 넘어가고, 궁금한 것이 있으면 연구를 하고, 이해가 안 되던 것을 까먹고 있다가 그 다음 해에 다시 보면 이해가 돼요. 자꾸 그렇게 하는 거지요. 넘기다 보면 눈길을 끄는 그림이 있어요. 그러면 거기에서부터 새로 시작을 하고 보는 거지요, 계속 꼬리를 물면서.

어찌 보면 지금의 웹서핑하고 똑같아요. 그런데 백과사전에는 웹서핑을 할 때 자주 보게 되는 쓸데없는 화면은 없지요.

사람들은 제게 지금까지 로봇을 만들면서 가장 어려웠던 점은 무엇인지 곧잘 묻습니다. 저는 한 마디로, 사람처럼 걷는 것이라고 말하고 싶습니다. 쉬워 보이지만, 정말 어려운 문제입니다.

제가 처음에 만든 로봇은 KHR-1인데, 저는 처음에는 로봇을 만들 때는 전기 배터리만 연결하면 걸을 줄 알았어요. 그런데 실제로 해보니까 한 쪽 다리를 들면 다른 쪽으로 쓰러지더라고요. 충분히 똑바로 선다고 생각했는데, 로봇은 자꾸 넘어졌어요. 왼쪽으로 넘어지게 하면 오른쪽으로 넘어지고, 오른쪽으로 넘어지라고 하면 왼쪽으로 넘어지고, 정말 이상하게 반대로 움직이더란 말이지요.

나중에 알게 됐지만, 로봇에서 발생하는 특별한 현상이 있어요. 사람이 주먹으로 치려면 그냥 이렇게 치는 게 아니라 주먹을 뒤로 뺐다가 치잖아요. 로봇도 똑같아요. 앞으로 걸어가기 위해서는 몸을 뒤로 뺐다가 가야 되지요. 그걸 '리버스 액션'이라고 해요. 처음에는 이런 현상을 이해하지 못해서 고생을 많이 했지요.

겉으로는 안 보이지만, 사람은 몸 내부에 미세하게 움직이는 근육이 중심을 잡아요. 로봇도 미묘하게 중심을 잡아 주어야 하지요. 하지만 로봇을 개발하다 보면, 우리가 생각하는 것과는 전혀 반대 방향으로 움직이는 경우가 많아요. 굉장히 당혹스럽지요.

사람에게는 쉽지만 로봇에게는 정말 어려웠던 것은 바로 걷는 것이었어요. 두 발로 걷는 걸 2족 보행이라고 하는데, 잘 걷는 것처럼 보이지만, 실제로는 잘 안 됩니다. 대단히 어려워요.

로봇은 걷는 척하는 것이지, 걷는 게 아니에요. 무슨 말이냐 하면, 사람이 걷는 행동과는 전혀 다른 형태로 걸어요. 사람하고 비슷하게 걷게 하려고 많은 연구를 하지만, 아직 답을 못 찾고 있어요. 그래서 저는 아직 로봇에서 풀린 문제가 거의 없다고 생각해요. 우리가 가지고 있는 로봇은 그냥 되는 것처럼 보이는 첫 단추일 뿐입니다. 앞으로 지금까지 한 노력의 100배, 1000배 더 해야 합니다.

 ## 65 말 잘 듣는 로봇은 언제쯤 나올까요?
제가 시키는 대로 말 잘 듣는 로봇을 만들고 싶어요.

완벽하지는 않지만, 지금도 인간의 목소리를 알아듣고 그대로 반응을 하는 로봇들이 만들어 지고 있어요.

소리로 인식한 사람의 목소리를 그대로 이행하려면, 사람의 목소리와 다른 소음을 가려낼 수 있을 뿐 아니라 언어로 이해할 수 있어야 해요. 또한 입력된 언어에 대응할 모든 동작을 제어 프로그램 안에 입력해 놓으면 가능해 지겠지요. 사람이 시킬 수 있는 모든 동작을 명령어로 만들어 입력 시키려면 아주 큰 용량의 메모리와 뛰어난 성능의 중앙처리장치(CPU)가 필요하고요. 이론상으로는 지금이라도 그런 로봇을 만들 수 있어요.

하지만 가장 큰 걸림돌은 사람의 말을 알아듣게 만드는 것이에요. 앞으로, 뒤로 등 몇 개의 정해진 규칙에 따라 명령을 내리면 보다 쉽게 해결할 수 있어요. 하지만 아직 로봇은 사람의 말을 완벽하게 이해하기는 힘들어요. 세계 여러 나라에서는 지금도 사람의 말을 이해할 수 있는 로봇을 개발하기 위해 노력하고 있으니 그리 멀지 않은 시간에 사람의 말을 알아듣는 로봇이 만들어 질 거예요.

66 박사님은 초등학생 때 과학 시험 점수를 잘 받으셨나요?
저는 과학을 무척 좋아하는데 시험 점수는 잘 안 나와요.

저는 과학 시험 점수를 잘 못 받았어요. 하지만 과학은 좋아했지요. 저는 꿈이 로봇 과학자가 아니라, 과학자였어요. 별도 좋아하고, 비행기도 좋아하고, 로켓도 좋아하고요. 과학에 관심이 아주 많았지요.

과학자들에게는 공통적인 특징이 있어요. 만드는 거 좋아하고, 부수는 거 좋아하지요.

잘하고 싶다면 우선은 좋아해야 해요. 잘하는 건 열심히만 하면 다 잘할 수가 있는데, 좋아하는 게 더 중요한 거 같아요. 좋아하면 당연히 잘할 수밖에 없고, 꼭 성적은 올라가지 않더라도, 다른 사람보다 훨씬 더 깊이 알 수가 있지요.

67 로봇 과학자가 되고 싶은데, 과학 과목만 잘하면 될 수 있나요?
저는 수학을 잘 못해요. 그렇지만 로봇 과학자가 되고 싶거든요.

로봇을 연구하는 학문 분야를 로봇공학이라고 하는데요. 물론 미래에는 이 로봇공학이 훨씬 세분화 되어, 과학 뿐 아니라 미용이나 패션을 공부해야 하는 로봇 연구 분야도 나올 거예요.

현대의 로봇공학은 로봇의 설계에서 제작까지 넓게 연구되기 때문에 다양한 지식이 필요하답니다. 우선 로봇의 구조와 설계, 프로그래밍 등을 공부하려면 수학, 과학 등 이공계 과목을 잘 이해하고 있어야 해요.

하지만 점차 인공지능이나, 인간과 로봇의 감정 교류, 언어의 표현 등이 중요한 화제로 떠오르고 있어서 문학이나 예술 과목을 통해 교양을 높여야 해요.

특히 로봇 과학자를 꿈꾸는 많은 사람들은 자신만의 휴머노이드 로봇을 만들고 싶어 하는데, 휴머노이드 로봇에 생명을 불어넣고 지식을 넣어 주려면 다양한 분야에 관심을 기울여야 하지 않을까요?

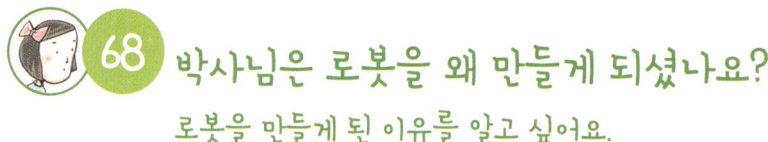

68 박사님은 로봇을 왜 만들게 되셨나요?
로봇을 만들게 된 이유를 알고 싶어요.

제가 많이 받는 질문이군요. 저는 아주 어렸을 때부터 신기한 것이나 새로운 것이 있으면 만들어 보는 것이 취미였어요. 사는 것보다 만드는 게 좋았어요. 카메라도 만들어서 렌즈를 껴서 인화지 넣고 찍었어요. 렌즈랑 인화지를 가져다가 현상도 해 보았어요. 카메라 자체보다 제가 만든 게 사진이 된다는 게 더 신기했지요.

저는 전축도 만들어 보고, 라디오도 만들어 보았어요. 비행기도 만들고, 로켓도 만들고, 화약도 만들어 보았어요.

저는 산 게 없어요. 다 만들어서 썼어요. 장난감도 다 만들었어요. 천체 망원경은 아직도 제가 만든 것을 쓰고 있어요. 만드는 게 재미가 있으니까 직접 만든 거지요. 로봇도 마찬가지예요. 신문에서 로봇을 우연히 보고 '내가 만들어야지, 재미있겠다.' 싶어서 만들게 된 거예요.

제가 신문에서 봤던 로봇이 바로 아시모예요. 일본에서 만든 인간형 로봇 아시모 말입니다. 사람처럼 걸을 수 있고, 사람처럼 단순한 형태를 가지고 있는 로봇이었지요. 아시모 전에는 로봇이라면 덩치도 크고 무거웠어요. 그런데 아담하게 만들 수도 있겠구나. 그래서 한 번 만들어 봐야겠다고 생각을 했지요. 그게 결정적인 계기예요.

69 로봇을 만들기 전에는 어떤 걸 연구하셨나요?
박사님은 대학에서 로봇을 전공하셨나요?

자동제어 분야를 연구했어요. 이 분야가 로봇하고 관계가 있어요. 자동제어라는 건 시스템이에요. 내가 원하는 만큼 되느냐 이게 중요해요. 흔들리는 것을 똑바로 세우는 거나 비행기가 똑바로 날아가게 한다는 게 제어입니다.

이런 제어 부분을 다루다 보니까 센서, 엑츄에이터, 안정화, 컨트롤, 그리고 시스템에 대해 공부하게 되었지요. 또 시스템은 다 하나로 연결이 되니까 마이크로 프로세서가 들어가고, 컴퓨터가 들어가는 거지요.

로봇의 구성요소가 그거예요. 그러니까 자동제어 분야는 로봇 연구는 아니지만, 로봇을 만들 수 있는 준비 연구였던 거지요. 그 후에 휴머노이드를 만들었지요. 휴머노이드는 어려운 작업이에요. 일단 사람 같아야 되잖아요. 형태가 결정이 되어 있기 때문에 만들기가 어려운 거지요.

 **70 어렸을 때 로봇과 비슷한 것을 만들어 본 적이 있으신가요?**

제가 어렸을 때에는 로봇을 만들 만큼 재료가 없었어요. 그래서 저는 상상해서 로봇 설계를 했어요. 지금 보면 말도 안 되는 설계지요.

저에게는 발명 노트가 있었어서 비행기, 대포, 로켓 등을 새롭게 설계하고 발명했어요.

초등학교 때 한 발명이라 다 만화 같은 얘기지만, 그런 것을 상상하는 것이 무지하게 재미있었어요. 만들 수 있건 없건 간에 그건 중요하지 않았어요.

 **71 왜 로봇은 여자아이들은 잘 안 만드나요?**
제가 듣는 로봇 수업에는 남자아이들만 9명이고 여자는 저뿐이거든요. 여자아이들은 로봇 만들면 안 되는 거 아니지요?

그렇지는 않아요. 보통 대학의 기계과는 여학생 비율이 10퍼센트 미만이에요. 전자과도 그 정도밖에 안 될 거예요. 공대에 여학생 비율이 낮지요. 그건 아마도 공학에 대한 편견 때문이라는 생각이 들어요. 제가 볼 때는 여학생이 못할 일은 전혀 없다고 생각해요. 얼마든지 훌륭한 로봇 과학자가 될 수 있습니다.

 **로봇에 대해서 알려면 어떤 걸 공부해야 하나요?**
저는 로봇 과학자가 꿈인데요. 어떤 걸 공부하면 될까요?

아까도 말했지만, 책상에 앉아 수학이나 과학 교과서 공부하듯이 로봇을 공부할 필요가 없어요. 로봇은 목적이 아니라 수단이니까요. 그러니까 로봇을 즐기세요. 즐기고 좋아하는 게 곧 공부예요.

로봇에 대해 연구, 개발하는 학문을 로봇공학 또는 로봇학이라고 불러요. 로봇을 연구하기 위해서는 로봇의 구조와 원리도 이해해야 하고, 로봇을 움직이게 만들 역학도 공부해야 해요. 물론 이 모든 과정을 지시해 줄 프로그래밍도 공부해야 하지요.

초등학교에서는 방과 후 수업이나 로봇 과학 학원 같은 곳에서 공부할 수 있어요. 거창한 로봇은 아니더라도 로봇의 원리나 제작을 도와줄 수 있는 기초 공부를 할 수 있습니다. 우선 로봇의 구조와 기계를 움직이게 만들 장치들을 배울 거예요. 앞뒤로 움직이는 기초 장치를 이해했다면, 속도를 높이고 줄이는 법, 로봇의 팔 다리를 움직여 줄 모터의 원리, 힘과 운동의 관계 등을 배워야 해요. 또 빛이나 소리 등의 센서에 대해서도 배우고요. 이렇게 기본 지식들을 배운 다음에는 직접 설계해서 미니 로봇을 만들게 되요.

과학 교구 전문점에 가면 초등학생들을 위한 로봇 재료들을 쉽게 구할 수 있답니다. 누구나 쉽게 할 수 있으니 여러분도 한번 도전해 보세요.

73. 로봇 얼굴이나 몸의 모양은 누가 디자인하나요?

로봇 몸이나 얼굴은 다양하잖아요. 몸이나 얼굴 모양을 디자인하는 사람은 누구예요?

아무렇게나 얼굴과 몸을 디자인하는 건 아니에요. 전문가가 있어요. 로봇공학은 로봇을 설계하고, 만들고, 제어 프로그래밍을 하는 등 로봇과 관련된 여러 분야를 공부하는데, 로봇공학의 한 분야가 바로 디자인이에요. 시스템과 로봇 내부 설계만큼, 로봇의 외형도 아주 중요해요. 목적을 잘 수행할 수 있도록 가장 적합한 모양을 생각하고, 또 눈으로 보기에도 멋져야겠지요.

예전에는 로봇을 설계하는 사람이 디자인까지 전부 맡았지만, 요즘은 로봇 디자인만 전문적으로 맡아서 그리는 로봇 디자인 전문가가 있어요. 대학에 로봇 디자인과도 생겨났어요.

 74 우리나라에도 로봇 공장이 있어요?

로봇 청소기 등 산업용이나 가정용 로봇이 아니라 휴머노이드 로봇을 만드는 회사도 있어요. 유진로봇이나 로보스타 등이 대표적인데, 이들 회사 중심으로 다양한 휴머노이드 대회도 열리고 있답니다.

75 로봇들을 보려면 어디로 가야 하나요?

저는 로봇을 직접 보고 싶은데, 어디로 가면 만져 볼 수 있을까요?

산업용 로봇을 보려면 산업현장으로 가야겠지만, 휴머노이드 로봇을 보려면 로봇 박물관으로 가는 게 좋겠지요. 우리나라에는 세 곳의 로봇 박물관이 있어요. 서울 대학로, 부천, 포항 등 세 곳인데요. 박물관마다 약간씩 특성이 다르니, 미리 박물관에 대한 자료를 찾아본 후 가는 것이 좋겠지요.

서울 대학로에 있는 로봇 박물관은 영화와 만화 속 로봇까지 만날 수 있는 박물관이에요. 우리나라에서 만들어진 여러 가지 로봇을 볼 수 있어요.

대학로 로봇 박물관

부천 로보파크

　부천에 있는 로보파크는 로봇 상설 전시장이에요. 이곳에서는 로봇 대회를 비롯해 여러 가지 행사도 열리므로 시간을 잘 맞추면 다양한 경험을 할 수 있어요.

　다른 박물관들이 전시된 로봇을 볼 수 있는 곳이라면, 직접 손으로 만져볼 수 있는 곳도 있어요. 포항에 있는 로보 라이프 뮤지엄인데요. 포항공대 옆에 있구요. 사람들이 로봇 체험을 충분히 할 수 있도록 예약제로 운영하고 있으니 예약은 필수겠지요.

76 로봇에 관한 직업에는 어떤 것들이 있어요?

미래에는 로봇이 많은 세상이 되잖아요. 로봇에 관한 직업을 준비하고 싶어요.

미래 사회에는 로봇의 역할이 점점 커질 거예요. 지금은 전부 사람이 하고 있지만, 머지않아 로봇이 대신하는 일도 늘어날 거구요. 아직은 로봇이라고 부르기에 적당하지 않지만 점차 로봇처럼 변해 가는 가전제품들도 늘어나겠지요. 당연히 로봇과 관련 있는 직업도 새로 생겨날 거예요.

얼마 전에 한국고용정보원에서 미래 유망 직종을 발표했는데, 그 안에도 로봇 관련 직업이 세 개나 포함되었어요. 로봇 연구 개발자, 로봇 감성 인지 전문가, 로봇 인식 기술 연구원 등이 뽑혔어요. 로봇 연구 개발자는 새로운 로봇을 기획하고 개발하는 사람이에요. 지금도 전자 공학이나 로봇 공학을 배운 많은 공학자들이 로봇을 연구하고 있어요. 로봇 감성 인지 전문가는 사람과 로봇이 어떻게 감정을 잘 교류할 수 있을지 연구하는 사람들이에요. 특히 사람의 행동이나 명령을 잘 받아들이고, 입력된 것을 잘 나타낼 수 있도록 도와주는 사람들이지요. 로봇 인식 기술 연구원은 로봇이 외부에서 들어오는 자극이나 정보를 어떻게 인식해서 처리할 지 연구하는 사람들이에요.

이런 직업 외에 로봇을 조정하거나 로봇 내부의 제어 시스템을 개발하는 사람, 로봇이 고장 나면 고쳐 주는 사람 등 다양한 분야의 직업이 계속 생겨날 거예요. 여러분들은 어떤 일을 하고 싶은가요? 지금 존재하지는 않지만 로봇과 관련된 어떤 새로운 직업이 생겨날 지 상상해 보는 것도 재미있겠네요.

 ## 77 로봇공학과 전자공학은 어떻게 다른가요?
저는 나중에 전자 공학자가 되고 싶은데, 로봇도 만들 수 있을까요?

물론이지요. 얼마든지 가능합니다. 전자공학뿐만 아니라 IT 관련 직업이면 누구나 로봇을 만들 수 있어요. 냉장고나 자동차, 세탁기, 전기밥솥, 카메라를 만드는 사람도 로봇을 만들 수 있습니다. 로봇에 사용되는 기술과 이런 제품들에 사용되는 기술이 동일하니까요. 하물며 간단한 알람시계도 로봇에 넣는 프로그램과 비슷한 프로그램이에요. 액정 디스플레이(LCD)를 가지고 스위치 넣고 돌리는 것도 로봇에서 사용되고요. 불이 반짝반짝 들어오는 키트를 쓰고, 설계를 하고, 프로그램을 짜서 내가 원하는 특별한 부품을 넣어서 만드는 거지요. 아주 재미있을 거 같네요.

 ## 78 로봇과 전자제품 만드는 것이 비슷한가요?
로봇과 전자제품을 연구하고 만드는 것이 어떻게 같은가요? 로봇이 훨씬 어렵고 복잡하지 않나요?

로봇이라는 것은 기계 시스템, 전자 시스템, 센서 등으로 구성된 하나의 시스템이에요. 로봇 모양을 보세요. 사람처럼 생긴 것이 있고, 청소기처럼 생긴 것이 있고, 어떤 건 불만 깜빡깜빡 하면서 모터가 돌아가는 것이 있고, 굉장히 다양해요.

세상의 모든 물건들이 다 그런 물건들이지요. 자동차도 그렇고, 카메라도 그렇습니다. 로봇이 갖고 있는 기능이 똑같이 들어가 있어요. 로봇은 팔을 움직이지만, 카메라는 렌즈를 넣었다 뺐다 하는 것만 달라요. 카메라 안에도 센서가 있으니까요.

　하다못해 밥솥을 보세요. 안에 코일이 있고, 타이머가 있습니다. 또 1번 메뉴, 2번 메뉴, 3번 메뉴 등으로 구성돼 있지요. 이런 것들을 보면, 로봇과 가전제품이 다른 점이 거의 많지 않아요.

　로봇과 가전제품, 기계들의 공통점은 시스템이라는 거지요. 전기가 들어가고, 센서가 있고, 히터가 있어서 온도를 조절하고, 프로그램으로 어떤 기능을 수행하고 자기 스스로 안전장치가 되어서 꺼 주기도 하고 알람도 울려 주고

이런 것들이 공통적인 요소예요.

자동차 회사나 전자 회사에서 하는 일이 정확히 로봇을 만드는 일이랑 비슷해요. 단지 형태가 로봇이 아니고, 자동차고, 세탁기고, 냉장고인 거지요. 로봇이란 것은 자동차, 세탁기, 냉장고 같은 수단입니다.

세상에 나오는 모든 IT 제품들이 기본적으로 로봇 기능을 다 갖추고 있어요. 다 그런 기본 바탕으로 시작해요. 그래서 로봇을 만들고 싶다고 꼭 로봇공학을 전공할 필요는 없어요.

79 로봇만 전문적으로 가르쳐 주는 대학교가 있나요?
저는 대학에서 로봇을 전공하고 싶어요.

대학에 들어가면 전공과목을 선택해서, 집중적으로 그 분야를 공부하게 되는데, 로봇과 연관된 학과는 2000년이 넘으면서 하나씩 생겨나고 있어요. 그 전까지는 전기전자공학이나 기계공학, 컴퓨터공학에서 로봇과 관련된 내용을 배웠어요.

지금은 동국대나 광운대를 비롯해 인제대, 조선대 등 10여 곳의 대학에 로봇 관련학과가 만들어져 있고, 2013년에는 한양대에도 로봇공학과가 생긴다고 하는군요.

로봇을 전문으로 배우는 고등학교도 있어요. 서울로봇고등학교인데요. 그 외에도 전국 여러 곳의 마이스터 고등학교에 로봇 관련학과가 생겨나고 있어요.

부천 로보파크 로봇 대회

시기 : 댄스 콘텐츠(4월), 패션 퍼포먼스(11월)

대회 장소 : 경기도 부천시 원미구 약대동 193 부천 로보파크

참가 자격 : 휴머노이드 로봇을 가지고 있는 사람 누구나.

참가 종목 :

휴머노이드 로봇 댄스 콘텐츠 경연 대회 - 휴머노이드 로봇 2대를 이용한 3분 이내의 춤 공연 대결. 춤의 구성, 음악, 로봇 동작 훈련 등을 통해 멋진 춤 공연을 펼쳐야 한다.

로봇 패션 퍼포먼스 대회 - 초, 중, 고등부로 나누어 진행되며, 2~5대의 휴머노이드 로봇을 이용해 패션 공연을 펼쳐야 한다.

휴머노이드 로봇 격투 대회 - 매년 진행되는 것은 아니며, 1:1 대결이다.
홈페이지 : http://www.robopark.org

SoC 로봇워

시기 : 접수(4~5월), 본선(10월 말)
대회 장소 : 예선 및 기타 테스트 - 카이스트, 결선 - 일산 킨텍스
참가 자격 : 대학(원)생으로 구성된 2인~6인의 팀
참가 종목 :

Huro-C - 지능형 휴머노이드 로봇의 임무 완수 대결. 영상인식이나 센서 인식을 통해 경기장 내의 장애물을 피하거나 정해진 미션을 수행하는 경기

Soc 태권 로봇 - 휴머노이드 로봇의 1:1 태권도 대련

홈페이지 : http://www.socrobotwar.org

한국 지능로봇 경진대회

시기 : 매년 11월
대회 장소 : 포항시 포항실내체육관
참가 자격 : 개인 또는 단체로 참여가능하며, 대회 참가를 위한 심사에 참여할 수 있어야 함. 참가 종목별로 로봇 규격이 정해져 있어, 규격에 맞는 로봇과 심사에 참여해야 함.
참가 종목 :

지능로봇경진대회 - 문자, 음성, 물체 등의 인식 기술을 활용하여 로봇의 지능을 겨루는 대회

퍼포먼스경진대회 - 퍼포먼스 기능을 갖춘 로봇의 공연 대결

로봇 올림픽 - 휴머노이드 로봇을 이용하여 자유 달리기 형태로 진행

홈페이지 : http://www.kiro.re.kr

RGC 전국 로봇 대전

대회 시기 : 9월

대회 장소 : 아산시 이순신 체육관

참가 자격 : 초, 중, 고등부생 모두 참여 가능.

참가 종목 :

가족경기, 미로 찾기를 제외한 다른 종목에서는 로봇을 제작하여 참여하며, 당일 수행 미션에 따라 로봇 기능을 수정할 수 있다.

로봇 미로 찾기 - 초, 중, 고등부로 나누어 진행되며, 미로를 따라 목표물을 운반하거나, 이동시키며 지정된 목적지까지 이동하는 경기이다. 행사장에서 로봇을 직접 조립하여 참여.

로봇 격투 - 2족 보행하는 로봇을 이용하여 경기장 내에서 격투

미션 서바이벌 - 정해진 미션을 빨리 완벽하게 해결하는 지를 겨루는 대회.

로봇 댄스 - 휴머노이드 로봇을 이용하여, 공연을 기획 시연하는 대회.

배틀 축구 - 축구 로봇 두 대가 겨루며, 상대방의 골문에 많은 공을 넣는 쪽이 우승.

가족 경기 창작로봇 - 대회 중 로봇을 만들어, 정해진 경기에서 높은 점수를 받으면 이기는 종목.

홈페이지 : http://rgc.asan.go.k

로봇 올림피아드

대회 시기 : 예선(7월), 본선(8월)

대회 장소 : 예선 - 지역별, 본선 - 김천실내체육관

참가자격 : 종목별로 각 초·중·고등학생으로 구성된 학교장 추천 팀

경기종목 : 경기부문, 창작부문

초등경기 - 정해진 갯수의 물건들을 각자의 보관 장소에 옮기는 경기로 초등학생 2~3명 1팀으로 한다.

중등경기 - 유용한 자원을 찾기 위해 험한 지형을 탐사하고, 자원을 찾아낸 후 발견한 자원을 교환하기 위해 집으로 가지고 오는 경기. 중학생 2~3명을 1팀으로 한다.

고등경기 - 로봇이 속이 빈 상자들을 같은 색의 기둥 방향으로 옮겨, 기둥 위에 상자를 씌워, 경기장의 기둥들을 그들 각자의 색으로 칠하는 고등학생 2~3명을 1팀으로 한다.

창작종목(초등부/중등부/고등부) - 자신이 표현하고자 하는 로봇을 설계, 제작, 프로그래밍 하여 창의성, 기능성, 완성도, 로봇의 설명 및 표현으로 경쟁하는 경기로 초등/중등/고등 각 2~3명 1팀으로 한다.

주제 : 사람과 소통하는 로봇

홈페이지 : http://www.krsa.org

80 로봇을 만드는 데 돈이 얼마나 들까요?
저는 지금 당장 혼자서 로봇을 만들고 싶어요.

로봇이란 대단히 복잡하고 어려운 것도 있지만, 아주 간단한 것도 로봇입니다.

로봇은 어떻게 보면 뻔해요. 태엽을 감아서 움직이는 장난감하고 별 차이가 없거든요. 단지 프로그램을 하는 게 다르지요. 왼쪽으로 가라, 오른쪽으로 가라, 부딪히면 돌아가라, 자기 스스로 판단해서 움직일 수 있는 이런 프로그램이 있으면 로봇이지요.

이런 로봇 키트를 파는 것이 있어요. 불이 깜빡깜빡거리고 움직이는 간단한 로봇 키트를 살 수 있어요. 처음에는 그런 것을 가지고 공부를 하고, 차근차근 응용해 보면서 원리를 깨우치는 게 좋을 거예요.

그러다가 차츰 어려운 것에 도전해 보세요. 자신이 직접 개조해 보고, 제품으로 만들어 놓은 키트가 아니라 센서 같은 걸 새롭게 장착해 보세요. 이렇게 하면 각도가 측정이 되는구나, 이렇게 하면 온도가 나오네, 이런 것들이 로봇 공부예요. 정말 재미있어서 푹 빠지게 될 거예요.

81 인공지능에 대해 궁금해요.
로봇의 인공지능은 사람이 주입하는 것인데, 로봇이 진짜로 감정을 느끼고 사람한테 반항할 수도 있나요?

로봇 과학자들은 두 가지 의견이 있어요. 진짜 사람처럼 감정을 느낄 수 있고, 뛰어난 지능을 가진 로봇을 만들 수 있다고 주장하는 과학자가 있지요. 그리고 그건 절대로 불가능하다, 아무리 잘 만들어도 사람처럼 감정을 느끼거나 지능을 갖게 할 수는 없다고 주장하는 과학자가 있어요. 제 의견은, 불가능하다는 쪽입니다.

사람처럼 감정을 느끼는 척하게 로봇을 만들 수는 있어요. 하지만 사람처럼 기뻐하고, 슬퍼하고, 마음 아파하는 로봇을 만드는 것은 불가능해요. 로봇에게 사람 같은 감정을 느끼게 하려면 그런 프로그램을 짜서 인공지능에 넣어 주어야 하는데, 그건 현실적으로 불가능합니다. 사람의 감정, 아니 강아지의 감정만 보아도 얼마나 복잡한가요?

82 로봇을 개발하는데 있어서 우리나라가 일본보다 더 앞선 기술에는 무엇이 있나요?

일본은 세계 로봇 강대국 중 하나예요. 이미 1970년대부터 본격적인 로봇 연구에 들어갔고, 벌써 40년이 넘게 로봇 개발에 노력을 기울이고 있죠. 우리나라는 1990년대 후반에 가서야 본격적인 로봇 연구를 시작했다고 볼 수 있어요. 아시모와 휴보의 발표연도가 4년 밖에 차이 나지 않는다고 해서, 기술 차이도 4년 밖에 안 나는 것은 아니에요. 일본은 우리 로봇 기술에 비해 약 10년 정도 앞섰다고 평가 받고 있어요. 로봇 분야에서 우리가 뒤진 것은 분명하

휴보 연구소

지만 우리나라에서도 로봇 관련 인재들이 계속 육성되고 있으니 머지않아 세계 시장에서 주목 받는 멋진 로봇을 만들어 낼 거라고 믿어요.

솔직하게 말하자면, 우리나라와 일본의 로봇 기술은 차이가 많이 나는 편입니다. 로봇에 대한 생각이 일본과 우리나라가 조금 달라요. 일본은 로봇을 기계제품이라 생각하는데, 우리나라는 로봇을 전자제품이라고 생각해요. 로봇은 원래 공작기계에서 시작을 했습니다. 공작기계가 조금 더 정교해지고, 공작기계가 발달하니까 실생활로 들어와 서비스 로봇이 탄생한 거지요.

로봇은 정밀기계 산업과 부품소재하고 연관이 많습니다. 일본과 선진국들은 정밀기계와 부품소재가 우리보다 앞서 있어요. 그래서 우리나라가 로봇을 만들려고 하면 그 부품을 사서 쓸 수밖에 없어요. 그런 면에서 우리나라는 뒤져 있지요.

하지만 우리나라는 인공지능이라든가 내비게이션 쪽은 선진국하고 비슷한 수준이에요. 그러니까 앞으로 노력을 많이 해서 부품소재와 정밀기계 산업을 발전시켜야 해요.

 **83 아인슈타인처럼 천재 로봇을 만들 수 있나요?**
로봇에게 스스로 생각하는 프로그램을 넣어서, 공부하고 생각하는 로봇을 만들 수 있지 않을까요?

불가능합니다. 저는 로봇은 창의력을 가질 수가 없다고 봐요. 로봇은 새로운 생각을 할 수가 없어요. 사람의 지능을 휴먼 인텔리전스라고 하고 로봇의 지능은 AI(Artificial Intelligence), 또는 CI(Competitive Intelligence)라고 합니다. 제 생각으로는 로봇의 지능은 인텔리전스 이미테이션이라고 봐요.

무슨 말이냐 하면 로봇은 지능이 있는 척을 하는 거지, 지능이 있는 것은 아니에요.

예를 들면 로댕의 '생각하는 사람'이란 작품을 보세요. 그건 생각하는 척

알버트 휴보

을 하는 조각이지요. 조각이 무슨 생각을 하겠어요? 돌덩어리일 뿐인데……. 그런데 우리가 보면 '고민하고 있네.' 하고 보잖아요.

그리고 강아지를 볼 때 강아지가 슬픔에 잠겨 있다고 사람들은 보잖아요. 우리가 볼 때 슬퍼 보이는 것이지 진짜 슬픈지 아닌지 모르잖아요.

어떤 사람이 무지하게 똑똑해 보여요. 하지만 그건 내 판단이지요. 그 사람이 진짜 똑똑할 수도 있고, 아닐 수도 있어요. 이건 모두 사람이 감정 이입을 하는 것이지요.

로봇에게 물어 보면 천재적인 대답을 한다고 생각해 보세요. 실제로 생각하고 대답을 하는 걸까요?

다른 곳에 저장돼 있는 정보를 검색해서 대답을 하는 것이지요. 그러니까 로봇이 아무리 모르는 게 없을 만큼 대답을 잘한다고 해도 똑똑하다고 할 수는 없어요.

 로봇이 새로운 것을 발명할 수 있나요?

저는 발명가 로봇을 만들고 싶어요. 로봇이 세상에 없는 걸 발명한다면 정말 놀라운 걸 발명할 것 같아요.

로봇이 잘하는 것과 못하는 것이 있어요. 로봇은 사람 이름 외우기, 계산 빨리하기, 이런 것은 잘하지요. 특히 계산은 무지하게 빨리 해요. 사람보다 1억 배 이상은 빠르다고 하지요.

만약 로봇이 의사처럼 진단을 할 수 있다면 아주 잘할 것 같아요.

예를 들어 어디가 아프면 무슨 병인지 딱 알아맞히는 것은 잘할 거예요. 왜냐하면 여러 가지 증상을 분석하고, 그 증상들이 나타나는 병이 어떤 병인지 검색해서 알려 주는 능력이니까요.

하지만 로봇이 못하는 것이 있어요. 그건 바로 창의력이에요. 창의력이란 새로운 생각을 하는 힘이잖아요. 창의력이 있어야 발명도 하고, 세상에 없는 것도 생각해 내고, 만들어 내지요. 그런데 로봇은 메모리에 저장돼 있는 것을 검색해서 알려 주는 것은 잘하지만, 메모리에 저장이 돼 있지 않는 것을 알려 주는 것은 불가능해요.

로봇이 만약 새로운 무엇을 만들어 낸다고 하면, 메모리에 저장돼 있는 정보를 이용해 이것저것 조합을 해서 만드는 것이지요. 완전히 새로운 걸 만들 수는 없어요. 그런 면에서 로봇은 아직 사람의 능력을 따라올 수 없습니다.

 85 로봇이랑 사람이랑 두뇌 대결을 하면 누가 이길까요?

슈퍼컴퓨터와 사람이 체스 대결을 한 적이 있어요. 슈퍼컴퓨터가 세계 최고의 체스왕을 이겼지요.

그럴 수 있는 것은 슈퍼컴퓨터의 두뇌가 뛰어나서 그런 게 아니라, 슈퍼컴퓨터가 경우의 수를 잘 따졌기 때문이지요.

로봇도 마찬가지예요. 경우의 수를 따져서 이렇게 저렇게 하는 거지요. 경우의 수에서 가능성이 있는 것이 12개 정도 나오면, 로봇은 그 다음에 추론을 해요. 추론은 그냥 경우를 따져서 이거는 이거다 이렇게 해 주는 거지요. 추론도 사람들이 입력해 놓은 논리에 맞춰서 하는 거예요. 또 새로운 경우가 생기면 데이터를 갱신해 주지요.

그러니까 로봇이 아무리 뛰어나다고 한들 그 로봇을 만든 사람보다 뛰어나지는 못해요.

오준호박사의 로봇연구실

외계 생명체를 찾는 화성 탐사 로봇들

화성은 지구와 가장 비슷한 환경을 갖고 있는 곳이지만, 인류가 한 번도 발을 디딘 적이 없는 행성이에요. 인류는 1960년대 이후 여러 차례 무인 우주선을 화성으로 보냈어요. 화성의 현재 상태와 자연사, 생명체의 존재를 알아보려는 거지요. 많은 우주선들이 실패를 했지만, 성공한 우주선도 있지요.

우주선에는 화성 탐사를 위해 로봇을 태워 보냈어요. 지금 이 순간에도 지구에서 화성에 보낸 로봇들이 화성 이곳저곳을 오가면서 화성을 탐사하고 있어요.

소저너

1997년 7월 4일 화성 착륙에 성공한 나사의 패스파인더 호에는 화성 탐사 로봇 소저너가 타고 있었지요. 무게는 10.5킬로그램으로 아주 작은 로봇이었어요. 소저너는 83일 동안 화성의 지질과 대기 등을 조사해서 방대한 양의 정보를 지구로 보냈어요. 1억 6000만 킬로미터나 떨어진 외계 세상의 모습을 소저너가 보내 주자 사람들은 환호를 터뜨렸어요.

화성 탐사 로봇 소저너

스피리트와 오퍼튜니티

2003년 6월과 7월, 나사는 쌍둥이 화성 탐사 로봇 스피리트와 오퍼튜니티를 발사했어요. 7개월 후인 2004년 1월 스피리트와 오퍼튜니티는 화성에 도착했고, 에어백 보호막에 둘러싸인 채 공처럼 튀면서 화성에 착륙했어요. 스피리트와 오퍼튜니티는 각각 무게가 185킬로그램이나 되는 대형 로봇이에요.

쌍둥이 탐사 로봇들은 화성 영상을 지구로 보내기 시작했지요. 이 두 대의 탐사 로봇이 보내 준 영상에는 화성의 생생한 풍경이 담겨 있었어요. 처음에 이 쌍둥이 탐사 로봇들의 예상 수명은 100일 정도였어요. 과학자들은 하루하루가 마지막 날일 거라고 예상했지만, 5년이 지난 후에도 탐사 로봇은 기적적으로 살아남아 화성을 계속 탐사했어요.

큐리오시티

"지금까지 화성에 투입했던 탐사 로봇들이 일반 자동차라면, 이번 탐사할 큐리오시티는 스포츠유틸리티(SUV) 차량이다."

미국의 한 신문에서는 이렇게 큐리오시티를 소개했어요.

큐리오시티는 소저너, 스피리트와 오퍼튜니티에 이어서 네 번째로 화성을 탐사하는 로봇으로 지금까지 보낸 다른 탐사 로봇과는 비교할 수 없을 만큼 기능이 업그레이드된 최첨단 탐사 로봇이지요.

나사(NASA)는 2011년 11월 발사한 화성탐사선 큐리오시티 호에 큐리오시티를 탑재했고, 2012년 8월 7일 화성에 무사히 착륙했어요. 큐리오시티는 지금 이 순간에도 화성에서 생명체를 찾는 활동을 하고 있어요.

큐리오시티는 초대형 로봇으로 사람보다 훨씬 커요. 높이 213센티미터, 전면 가로 274센티미터, 전장 길이는 약 300센티미터예요. 무게는 900킬로그램이나 되니까 기존의 화성 탐사 로봇인 스피리트나 소저너보다 훨씬 크지요. 움직이는 화성 과학실험실이라고 할 수 있을 정도예요.

큐리오시티는 특히 지금까지 보냈던 화성 탐사 로봇과 다른 점이 있어요.

그것은 큐리오시티가 강력한 핵에너지를 동력으로 사용한다는 거지요. 지금까지 화성 탐사 로봇은 태양광으로 움직여서 에너지에 한계가 있었지만, 큐리오시티는 핵에너지를 이용하기 때문에 적어도 몇 년 동안은 강력하게 움직일 예정입니다. 화성의 암석에 레이저를 쏘거나 로봇팔로 구멍을 뚫어서 성분을 분석할 수 있을 정도예요. 큐리오시티는 화성의 생명체를 찾아낼 수 있을까요?

 한편, 나사는 2020년까지 큐리오시티보다 훨씬 강력한 탐사 로봇인 큐리오시티 2.0을 보낼 계획을 세우고, 지금 탐사 로봇을 만들고 있어요.

화성을 탐사 중인 큐리오시티

미래의 로봇들은 자기 스스로 움직일 것입니다.
로봇과 가전제품의 벽이 없어질 것입니다. 로봇이 곧 가전제품이 되고,
가전제품이 곧 로봇일 것입니다.
그때야말로 로봇의 시대가 될 것입니다.
하지만 미래에는 우리가 생각하는 모양의 로봇이 눈에 보이지 않을 것입니다.
우리가 냉장고나 리모컨을 로봇이라고 보지 않는 것처럼
미래에는 우리가 말하는 로봇의 기능은 그냥 가전제품 같은 게 될 테니까요.
여러분은 로봇을 기다리시나요? 로봇은 사람 대신 일하고,
사람을 위해 위험한 일을 할 것입니다. 로봇이 사람들을 보다 편안하고,
행복한 생활을 하게 해 줄 것입니다. 로봇은 사람을 위해 만들어진 것이니까요.

4부
새로운 로봇의 미래

트랜스포머나 건담을 진짜 만들 수 있나요?

미래에는 우리 주변의 모든 것이 로봇이 되는 시대가 될 거예요.
문도 로봇, 청소기도 로봇, 냉장고도 로봇, 책상도 로봇, 자동차도 로봇, 전화기도 로봇이 될 거예요. 마치 영화 트랜스포머처럼 전자제품과 기계들 속에 로봇이 들어 있게 되는 거지요.

86 트랜스포머나 건담을 진짜 만들 수 있나요?

로봇이라고 가장 많이 떠오르는 것이 트랜스포머 같은 변신 로봇인데 이것도 개발되고 있는 건가요?

트랜스포머나 건담은 휴머노이드 로봇이라고 할 수 있습니다. 사람처럼 2족 보행을 하고, 팔, 몸통, 눈, 입 등이 있으니까요. 그리고 건담이나 아톰은 뛰고, 달리고, 날아오를 수 있지요.

아직 실제 휴머노이드는 만화나 영화 속 로봇처럼 자유자재로 움직이지 못해요. 물론 비행 로봇도 있고, 걸을 수 있는 로봇도 있지만 모든 기능을 모아서 한 로봇에서 완벽하게 구현되지는 못했어요.

아마 몇 년 이내에 건담과 비슷한 로봇이 만들어 지지 않을까요? 그때는 여러분 중 누군가 그 로봇을 멋지게 조종하겠지요.

87 제가 어른이 되면 어떤 로봇들이 나올까요?

우리 집에서 사용하는 로봇도 있을까요? 컴퓨터처럼 집집마다 로봇이 있을까요?

물론 그렇게 될 겁니다. 그런데 답을 하기 전에 무엇을 로봇으로 부를 수 있는 지에 대해 다시 설명을 해야 할 것 같아요.

예를 들어 청소 로봇이 로봇일까요, 청소기일까요? 청소기와 로봇의 차이점은, 로봇은 스스로 판단을 할 수 있는 능력과 움직이면서 문제를 해결할 수 있는 능력이 있다는 거지요. 청소기는 가만히 놔두면 아무 것도 못하지만, 청소 로봇은 자기가 알아서 적당한 시간이 되면 청소를 하고, 충전도 스스로 하고, 더러운 곳을 찾아갈 수도 있지요. 아마 여러분이 어른이 되면 집안에 있는 청소기들에는 로봇 기능이 들어가 있어서 대부분 청소 로봇이 되지 않을까요?

자동차도 그래요. 스스로 판단을 할 수 있는 능력과 움직이면서 문제를 해결할 수 있는 능력을 갖게 될 거예요. 위험한 상황을 피하는 능력과 혼자 운전을 하는 능력, 주차를 해 주는 능력 등이 생기겠지요. 그러면 자동차도 자동차 로봇이 되는 거지요.

오디오를 보자면, 오디오가 주인이 원하는 음악을 알아서 틀어 주고, 거실에 있다가도 주인이 부르면 방으로 들어와 음악을 골라 주는 능력이 생길 거예요. 그러면 영화 〈트랜스포머〉처럼 오디오 로봇이 되는 거지요.

냉장고도, 현관문에 달린 디지털 자물쇠도, 텔레비전도 모두 이렇게 로봇 기능이 들어가서 로봇이 될 겁니다. 그래서 미래에는 집집마다 로봇이 아주 많아질 거예요. 단지 그 로봇들이 사람처럼 생기지 않았을 뿐이지요.

88 미래에는 어떤 로봇이 생길까요?

10년 후, 20년 후, 30년 후에 나타날 로봇들을 미리 알려 주세요.

미래를 예측하는 것은 쉽지 않아요. 방금 답변 드렸듯이 새로운 로봇이 등장하기보다는 기존의 제품들에 로봇 기능이 들어가면서 로봇으로 변할 겁니다. 요즘 나오는 스마트 카메라를 보세요. 사람이 웃는 얼굴을 카메라가 스스로 인식해서 자동으로 찍잖아요. 이런 것이 바로 카메라가 로봇으로 변화하는 과정입니다. 우리는 잘 못 느끼지만요.

미래에는 사람들이 로봇으로 둘러싸여 살 거예요. 집 자체가 로봇으로 변할 수 있어요. 주인을 보살펴 주고, 밥과 빨래를 해 주고, 집안 온도를 맞춰 주고, 주인에게 위험한 상황이 생기면 집이 119로 전화를 해서 구조 요청을 하겠지요.

89 리모컨, 카메라, 자동차가 로봇이 될 수 있나요?

스스로 알아서 움직이는 전자제품이 로봇이라면, 기술이 발달하면 모든 전자제품이 로봇이 될 수 있나요?

오준호 박사의 Q

일본 대지진이 일어났을 때, 파괴된 원자력 발전소에서 일본을 구한 로봇은?
① 휴보
② 팩봇
③ 워리어
④ 티호크

[정답] ② ③ ④

저는 가능할 것이라고 봐요. 전자제품들을 보면 로봇 기능이 내장되어 있어요. 그러니까 사람이 생활하는 주변의 모든 것이 로봇이 되는 시대가 올 거라고 봐요. 문도 로봇이 될 것이고, 자동차도 로봇이 될 것이고요. 로봇 기능이 내장되니까요. 〈트랜스포머〉를 보면 리모컨이 로봇이고, 카메라가 로봇이고, 청소기가 로봇이잖아요. 요즘

나온 로봇 청소기 안을 보면 카메라가 있어서 주변에서 뭐가 일어나는지 다 알고 있어요. 청소도 하고요. 단지 변신을 안 할 뿐이지요. 로봇 청소기는 이미 영화에 나오는 것과 같은 기능이 있어요.

90 로봇도 놀고 싶을까요?

저는 공부하는 게 싫어서 만날 놀고 싶어요. 로봇도 만날 일만 하잖아요. 로봇도 놀고 싶을까요?

그렇지 않아요. 로봇을 만드는 목적은 사람이 하기 불가능한 일, 사람이 하기 싫어하는 일, 사람이 하면 위험한 일을 하도록 만드는 거지요.

로봇을 놀고 싶게 만드는 것, 그것은 상당히 어려운 일입니다. 사람으로 봤을 때에는 간단한 일이지만, 로봇에게는 상당히 어렵고 복잡한 일이 있어요. 바로 사람처럼 생각하고, 느끼고, 행동하라는 거지요.

91 로봇이랑 같이 학교를 다닐 수 있을까요?

미래에는 학교에 로봇들이 학생으로 들어올까요? 로봇도 공부를 해야 할까요? 로봇이랑 같이 친구하고, 놀고, 공부도 같이 했으면 좋겠어요.

물론 가능합니다. 지금도 이미 가정교사 로봇이나 영어 교사 로봇이 있지요. 책을 읽어 주기도 하고, 함께 게임을 하기도 하지요. 학생들이 지루해 하면, 친구도 하고, 공부도 가르쳐 주고, 옆자리에 앉아 선생님처럼 설명해 줄 수 있지요. 학교 안을 돌아다니면서 학교를 지켜 주는 보안관 역할을 로봇이 해 줄 수 있습니다.

92 조선시대에도 로봇이 있었다고 하던데, 정말인가요?

조선시대에 만들어진 로봇은 어떤 모양이었어요?

지금처럼 컴퓨터와 프로그래밍으로 만들어진 로봇은 아니었지만 여러 가지 다른 장치를 이용하여 움직이거나 돌게 만든 자동 장치가 있었어요.

나무로 된 인형 세 개가 징과 북을 치면서 시계를 알릴 수 있는 자동 시계 장치였어요. 바로 물시계 자격루지요. 조선시대 세종 때 장영실이 만들었어요. 이 자격루는 내부에 물길을 만들어, 물이 떨어지면 생긴 힘을 이용해 여러 개의 지렛대와 쇠구슬을 움직이게 했는데, 바로 이 쇠구슬이 나무 인형을 움직이게 만들었어요.

현대에 로봇이 만들어질 수 있었던 이유는 아주 오래 전부터 사람들이 자동인형이나 움직이는 장치를 만들고 싶어 했기 때문이에요. 그래서 어떤 사람들은 그리스 시대에 만들어진 자동인형을 최초의 로봇이라고 말하기도 하지요. 조선시대의 자격루는 그런 의미에서 최초의 로봇이라고 할 수 있어요.

물길을 이용해 힘을 만들고, 이 힘이 반대편으로 전해져 인형들이 징과 북을 칠 수 있었어요.

복원된 자격루 모형

 **93 내가 타고 조종할 수 있는 로봇을 만들 수 있는지 궁금해요.**

로보트 태권브이 같은 거대 로봇을 만들 수 있나요?

　만들 수 있어요. 제가 만든 휴보 FX-1도 사람이 타고 왔다 갔다 할 수 있어요.

　타고 날아다니는 로봇을 만들 수가 있냐고요? 만들 수는 있어요. 기술적으로 다 가능해요. 그런데 날아서 무엇을 하지요? 훨씬 편한 제트기나 비행기가 있잖아요. 필요성이 있어야 만드는 거지, 무조건 만드는 게 아니에요.

　사람들이 거대 로봇을 만들 수 있는지 궁금해서 많이 물어봐요. 만들 수 있어요. 굴삭기 기술로 팔다리를 만들고, 날아가는 주먹은 크루즈 미사일 같은 거로 만들면 되지요. 그런데 그걸 만들어서 어디에 쓰지요? 굴삭기나 미사일이 있잖아요. 사람 같은 거대 로봇을 만드는 건 의미가 없어요. 의미가 없는 일을 하는 건 별로 좋지 않아요.

　사람들이 로봇이라고 하면 로보트 태권브이처럼 뿔이 나고 사람처럼 생긴 것만 생각을 하는데, 그렇지 않아요. 그런 틀을 벗어나면 힘이 세고 벽을 부술 수 있는 굴삭기, 에스컬레이터도 로봇이라고 볼 수 있어요. 사람을 100명 이상 태우고 날아가는 비행기도 로봇이에요. 거대 로봇이 꼭 필요하다고 하면 지금 당장이라도 만들 수 있어요.

94 진짜 강아지 같은 로봇이 나왔으면 좋겠어요.

책에서 로봇 강아지를 본 적이 있어요. 근데 강아지가 귀엽긴 한데 로봇 같더라고요. 저는 집에서 강아지를 키우고 싶은데 우리 엄마는 못 키우게 해요. 털이 날리고 뒤처리하기가 힘들다고요. 로봇처럼 생긴 강아지 말고, 털도 있고, 따뜻하고, 보드라운 느낌이 나는 그런 강아지 로봇이요.

　엄마가 강아지 털이나 사상충 때문에 강아지를 못 키우게 한다고요? 그럼 털도 안 날리고 똥오줌도 안 싸는 깨끗한 로봇 강아지는 어떨까요? 1999년 일본의 소니 사는 세계 최초로 로봇 강아지 '아이보'를 팔기 시작했어요. 사람들은 과연 로봇 강아지를 좋아할까 의아해 했지만 발표되자마자 선풍적인 인기를 끌었어요.

　로봇 강아지 아이보는 사람과의 교감을 통해 감정도 표현하고, 다리와 꼬리도 이리저리 움직일 수 있었어요. 특히 기쁨, 슬픔, 성냄, 놀람, 공포, 혐오 등의 6가지 감성을 나타낼 수 있어 마치 살아 있는 강아지처럼 사람과 감정을 나눌 수 있었어요.

아이보는 전 세계적으로 15만대가 팔릴 만큼 인기 있는 로봇이었지만, 2006년 소니 사의 조직 개혁 일환으로 로봇 강아지의 생산이 중단되었어요.

털도 있고, 따뜻하고, 심장도 뛰고, 장난감으로 나오는 로봇이 있을 겁니다. 강아지는 아니지만, 시바타 박사가 만든 '파로'라는 로봇이 있어요. 물개처럼 생겼는데 치료용으로 쓰이지요.

95 미래에는 로봇들이 집안일을 대신할까요?

저희 엄마는 매일 밥하고 빨래하고 청소하는 게 힘드시대요. 엄마를 도와 집안일을 해 주는 로봇은 없나요?

지글지글 요리를 하고, 엄마 대신 청소를 하고, 빨래도 대신 해 주는 로봇이 있다면 얼마나 편할까요? 거기다 이것저것 잔심부름까지 해 준다면요. 머지않아 이런 가사 로봇이 우리 집안에 생길 것 같아요. 이미 청소 로봇은 사람들 생활에 쏙 들어와 있으니까요. 거실에 혼자 놔두면 알아서 방문턱을 넘어다니는 로봇 청소기를 살 수 있거든요.

로봇 대전에서는 샌드위치와 샐러드를 만들어주는 로봇이 소개되기도 했어요. 우리나라 한 대학에서 요리하는 로봇을 발표했는데, 도마 위에 야채와 빵을 올려놓고, 칼로 썰기도 하고 샌드위치를 만들기까지 했어요. 10년 뒤에는 로봇이 차려 주는 아침밥을 먹을 수 있지 않을까요?

 96 로봇도 컴퓨터처럼 바이러스에 감염될 수 있나요?

컴퓨터에 나쁜 바이러스가 들어오면 고장이 나는데, 로봇도 나쁜 바이러스에 감염되면 고장날 수 있나요?

컴퓨터는 기계와 소프트웨어를 이용해 작동할 수 있어요. 로봇 역시 컴퓨터처럼 기계와 소프트웨어를 이용해 움직일 수 있어요. 그런데 소프트웨어에 바이러스를 침투시키면 기계가 이상하게 움직일 수 있어요. 컴퓨터가 이상해지는 것처럼 로봇도 이상해 질 수 있어요.

특히 로봇에는 로봇 팔, 다리를 움직이게 해 줄 모터가 장착되어 있어요. 모터를 움직이는 제어 소프트웨어에 바이러스가 침입하면 사람을 공격할 수도 있겠지요. 그래서 컴퓨터의 백신처럼 로봇의 바이러스 침입을 막게 해 줄 백신도 만들어 져야겠지요. 컴퓨터보다 로봇이 바이러스에 감염되면 훨씬 더 위험할 테니까요.

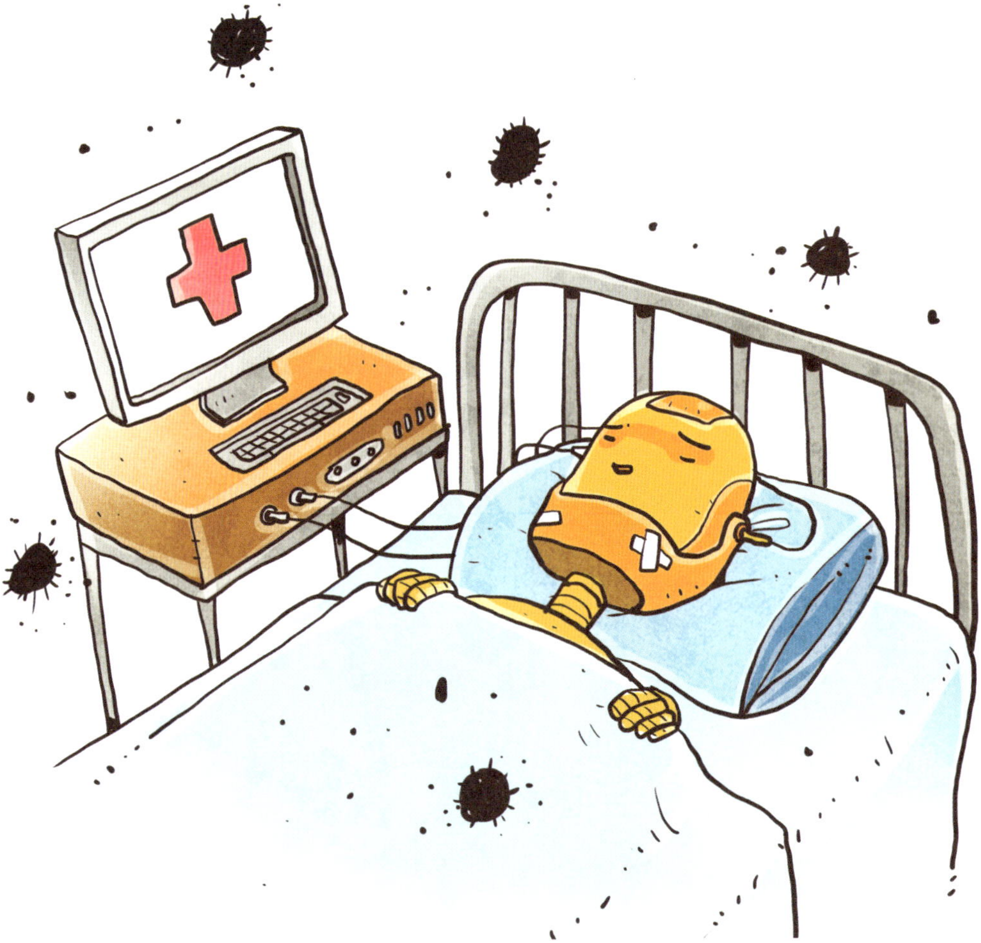

97 로봇끼리 모여서 살 수 있나요?

사랑이 없이 로봇끼리만 모여서 집단을 이루고 살 수 있을까요?

인간과 로봇이 다른 점이라면, 인간은 사회를 이루고 모여 산다는 것일 거예요. 이것을 인간은 사회성을 갖고 있다고 말하지요. 그런데 로봇에게도 사회성이 있는가 봐요.

영국 마그나 과학 센터에서는 로봇 개발이 많아지자, 로봇만을 한 곳에 모아 실험을 했어요. 로봇들도 여러 대 모아 놓으면 사회생활을 할지 궁금했기 때문이지요. 우선 지능이 있는 로봇 12대를 포식자 로봇과 먹이 로봇으로 나누었어요. 포식자 로봇의 먹잇감은 먹이 로봇의 전기 배터리였어요. 하루하루 지날 때마다 포식자 로봇의 사냥 방법은 치밀해졌어요. 대장 로봇을 중심으로 정보를 공유하고 새로운 방법을 만들어 나갔어요. 마찬가지로 먹이 로봇은 점점 영리하게 포식자 로봇을 피해 도망 다녔어요. 로봇도 인간처럼 사회 생태계를 만들어 생활해 나간다는 것을 확인할 수 있는 실험이라고 할 수 있지요.

98 로봇과 사람이 결혼하는 시대가 올까요?

영화를 보면 로봇과 결혼하려는 사람이 나오는데, 미래에는 로봇과 사람이 결혼할 수 있을까요? 로봇도 사랑에 빠질까요?

로봇과 사랑에 빠질 수 있어요. 자동차와 사랑에 빠지거나 인형을 사랑하는 사람도 있는 걸요. 강아지랑 결혼한 사람도 있잖아요. 사람은 감정이 풍부한 아주 특별한 동물이니까요. 그러니까 로봇이랑 결혼하는 사람도 분명히 있겠지요. 물론 로봇과 결혼해도 혼인신고를 받아 주지는 않겠지요.

 ## 99 앞으로 어떤 로봇을 만드실 건가요?
박사님이 앞으로 어떤 로봇을 만드실 지 정말 궁금해요.

저는 인간을 닮은 로봇인 휴머노이드를 계속 연구하는 중이에요. 많은 시도와 연구와 실험을 해봤어요. 지금까지는 사람처럼 걷도록 하는 게 목표였다면, 이제는 걷는 게 목표가 아니라 잘 걷는 게 목표지요. 잘 걷는다는 뜻이 뭐냐 하면 억지로 기우뚱기우뚱 걸어가는 것이 아니라 누가 밀어도 안 쓰러지고, 바닥이 울퉁불퉁해도 안 쓰러지고 자연스럽게 걷는 것인데, 아주 어렵습니다. 휴머노이드 로봇은 연구용이지 그 자체가 실용적인 로봇은 아니거든요. 그래서 저는 실용적으로 쓸 수 있는 로봇으로 만들려고 하고 있어요.

 ## 100 로봇공학자가 되고 싶은 저희에게 해 주고 싶은 말씀이 있나요?

로봇이라는 건 목적이 아니에요. 로봇을 하는 사람은 자동차도 만들 수 있고, 비행기도 만들 수 있고, 다 만들 수가 있어요. 그러니까 로봇을 만들고 싶다면 아주 다양한 분야에 호기심을 갖고, 열정을 가져야 해요.

열정이라는 건 못 말리는 기질이죠. 내가 좋아하는 게 제대로 되지 않으면 자존심이 상해서 잠도 못자는 거지요. 그게 열정입니다. 저는 지금도 로봇을 만들지 않으면 심심해서 견딜 수가 없어요. 그래서 누구보다 먼저 나오고, 가장 늦게 집에 갑니다. 지금도 빨리 만들고 싶어요.

　로봇을 만드는 건 제게 일이 아니라 즐거움이지요. 여러분도 저와 같은 뜨거운 열정이 있다면 세상에서 가장 멋진 로봇을 만들 수 있을 겁니다.

오준호 박사님과 휴보

오준호 박사의 로봇 연구실

엄마, 우리 집에도 로봇 들여 놓아요

우리나라는 사람들의 일상생활을 도와 주는 도우미 로봇들을 개발하고 있어요. 사람을 대신해서 집안일을 해 줄 수 있는 지능로봇이 10년 안에 우리 가정에 들어올 것으로 전문가들은 예측하고 있지요. 최근에 선 보인 우리나라 도우미 로봇들을 살펴볼까요?

할아버지, 고스톱 한판 치실래요?

우리나라는 지금 고령화 사회예요. 혼자 사는 노인들이 많아요. 그런데 외로운 할머니 할아버지들과 친구가 되어 주면서 도우미 역할을 하는 로봇이 나왔어요. 한국과학기술연구원(KIST)은 개발한 실벗은 실버 세대의 벗이라는 뜻이에요. 키는 160센티미터로, 주인을 위해 여러 가지 봉사를 하는 로봇이지요. 주인의 일정 관리를 해 주고, 게임을 함께 하며, 약 먹는 시간 등을 알려 줘요.

또 실벗은 주인의 음성과 위치를 파악해서 움직여요. 말도 하고, 표정도 지으면서 자신의 감정을 표현하지요. 주인과 고스톱을 치다가 지면 찡그리며 화를 내고, 이기면 벙실벙실 웃으면서 아이처럼 좋아해요. 노인들의 두뇌 훈련을 도와 치매를 예방하는 일도 해요.

도우미 로봇 실벗

요리는 제게 맡기세요!

사람 대신 요리를 할 수 있는 로봇이 있을까요? 칼로 썰고, 식사를 준비하고, 설거지를 하고, 심부름도 하는 로봇이 있다면 엄마가 얼마나 좋아할까요?

한국과학기술연구원(KIST)은 씨로스라는 로봇을 선보였어요.

이 로봇은 사람의 주문을 받아 칼로 오이를 썰어 그릇에 담고 그 위에 소스를 곁들여 싱싱한 샐러드를 만들기도 해요. 주방의 식탁, 냉장고, 싱크대 등 주변 환경을 스스로 알아내고, 장애물을 피해 움직이면서 칼, 도마, 빵 등을 알아내고 샌드위치를 만들어 보여요. 씨로스는 음료수를 가져와 컵에 따르고, 식탁에 식사를 차리고 치우기, 설거지와 식기세척, 냉장고 심부름 등 온갖 주방 일을 해내지요.

　씨로스를 개발하기 위해 서울대학교, 한국과학기술연구원, 포항공과대학교 등 여러 학교의 연구진들이 협력해 연구했으며, 2005년부터 성능을 계속 업그레이드 했어요. 처음에는 음료수를 컵에 따르는 것부터 시작했지요.

　씨로스는 양 팔을 정교하게 움직일 수 있고, 사물을 정확하게 인식할 수 있다는 게 특징이에요. 하지만 아직까지는 사람보다는 일하는 속도가 느리답니다.

저는 영어 선생님입니다!

　로봇에게 공부를 배운다면 어떨까요? 잉키는 한국과학기술연구원(KIST)이 개발한 영어교육용 로봇이에요. 몸은 달걀처럼 둥그렇고, 얼굴은 화면으로 나와요. 얼굴이 사람뿐 아니라, 동물로도 바뀌지요. 두 팔과 두 바퀴로 움직이지요. 사람이 말을 하면 로봇은 그 말을 알아듣고 움직이면서 장애물이 있어도 스스로 피해요.

　학생들이 영어를 발음하면 잘 했

영어 교육용 로봇 잉키

으면 잉키가 칭찬하고, 못하면 계속 반복하라고 시켜요. 잉키와 함께 역할놀이도 하고, 게임도 할 수 있어서 쉽고 즐겁게 영어 공부를 할 수 있어요.

우리는 로봇 아이돌 그룹!

사람의 얼굴 표정을 보고 그대로 따라서 표정을 짓고, 가수들의 노래에 맞춰 립싱크를 해내는 로봇이에요. 한국과학기술연구원 지능로봇사업단이 개발한 메로는 공공장소에 설치돼 정보도 제공하고, 엔터테인먼트 서비스도 하지요.

서비스 로봇의 핵심은 사람처럼 얼굴로 표정이 나타나야 하는데, 메로는 사람처럼 입술 모양과 얼굴 표정을 따라할 수 있어요. 입 모양이 사람처럼 자유자재로 움직인다는 게 놀랍고 신기해요.

여수 엑스포에서 세계 최초의 로봇 아이돌 4인조 그룹으로 공식 데뷔 무대를 갖기도 했지요.

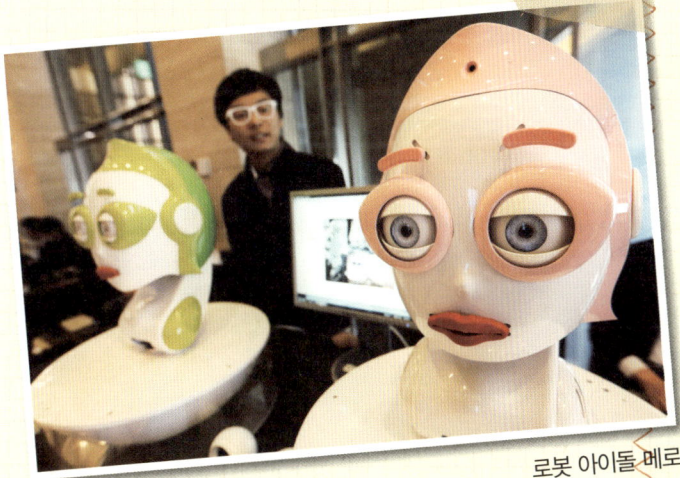

로봇 아이돌 메로

작가의 말

영원히 죽지 않는 인간의 시대

프로메테우스라는 신이 있었습니다. 그리스 신화에 나오는 티탄 족으로 불의 신이지요. 한때 인간은 불을 쓸 줄 몰라 동물처럼 미개하게 살았습니다. 신들은 인간에게 불을 주면 안 된다고 금지를 시켰습니다. 그런데 프로메테우스는 신들 몰래 불을 훔쳐 인간에게 주었고, 인간은 그때부터 엄청난 발전을 하게 되었습니다.

어쩌면 인간은 지금 프로메테우스 같은 입장이 아닐까 하는 생각이 듭니다. 로봇에게 인간은 신과 같은 존재일 것입니다. 로봇을 만들고, 생명을 주고, 인간처럼 감정을 가진 영혼을 불어 넣어 주려고 하지요. 그러나 한 편으로는 인간에게 불을 주지 못하게 금지했던 신들처럼, 로봇이 발전하면 인간을 공격하고 지배할 지 모른다고 걱정하기도 합니다.

로봇의 진화 속도는 지금 굉장히 빠른 건 사실입니다. 인간의 진화 속도와는 비교할 수 없을 정도로, 로봇은 인간을 닮고 있습니다. 하지만 반대로, 인간은 로봇이 되려고 하고 있지요. 인간이 기계가 된다면, 그것은 인간일까요, 로봇일까요?

인간이 되려는 로봇을 '휴머노이드'라고 부르고, 로봇과 결합한 인간을 '사이보그'라고 부릅니다. 휴머노이드는 인공지능과 인공생명을 지닌 로봇인 반면, 사이보그는 뇌는 인간이지만 몸의 일부나 전부는 기계지요.

인간이 인간의 몸을 버리고 로봇의 몸을 가지려고 하는 것은, 영원히 살고 싶다는 인간의 욕망에서 비롯된 것입니다. 신체의 일부가 병들거나 늙으면 그 부분을 제거하고 기계로 대체하면 죽지 않고 영원히 살 수 있게 되니까요.

　인간의 몸뿐만 아니라 인간의 뇌도 영원히 죽지 않게 만들려는 연구가 계속되고 있습니다. 만약 인간의 뇌가 컴퓨터 프로그램처럼 만들어진다면, 인간의 기억과 마음은 컴퓨터 속으로 저장해서 로봇의 머릿속으로 다운로드 받을 수 있겠지요. 이것을 '전뇌화'라고 합니다. 전뇌화가 되면 인간은 공부를 할 필요가 없어집니다. 공부할 내용을 뇌에 복사하면 끝나니까요.

　저는 로봇은 어쩌면 골렘 같은 괴물이 아닐까 생각합니다. 골렘은 유대인의 전설에 등장하는 괴물이에요. 진흙 덩어리에 주인이 주문을 걸어 생명을 불어넣으면, 골렘은 살아나 주인을 위해 무조건 복종하지요. 인간이 어떤 명령을 내리느냐에 따라 좋은 괴물이 되기도 하고, 나쁜 괴물이 되기도 합니다. 로봇도 골렘과 같습니다. 인간이 로봇을 인간의 좋은 친구로 만드느냐, 아니면 인간에게 해를 끼치는 도구가 되느냐는 오로지 인간에게 달려 있습니다.

　로봇은 다른 기계들과는 다르게 세상에 태어났습니다. 자동차나 비행기 같은 다른 기계들은 처음부터 분명한 목적이 있어서 만들었지만, 로봇은 상상력에서 만들어 졌지요. 미국과 일본처럼 로봇이 발달한 나라는, 로봇 영화와 만화를 보고 자란 어린이들이 많습니다. 어릴 때부터 로봇에 대한 상상력을 키워 온 덕분이지요. 여러분이 앞으로 다가올 로봇의 세상에서 주인이 되려면 과학적인 상상력을 키우세요. 그것이 우리나라를 로봇 왕국으로 만드는 길일 것입니다.

여러분의 친구
서지원

1 대 100에 질문을 해준 친구들

강동옥 (목포 서해초등학교)	김진우 (신도초등학교)
강지언 (중앙초등학교)	김찬욱 (솔안초등학교)
강하민 (제천 홍광초등학교)	박가을 (부천 계남초등학교)
고우승 (율전초등학교)	박규성 (분당 구미초등학교)
길나현 (천안 남산초등학교)	박민주 (인천 길주초등학교)
김건우 (창경초등학교)	박민희 (분당 구미초등학교)
김다현 (군포양정초등학교)	박서연 (김포 개곡초등학교)
김도환 (세검정초등학교)	박서영 (대구 동신초등학교)
김민재 (창경초등학교)	박선미 (광주초등학교)
김선우 (창경초등학교)	박성빈 (대구 북부초등학교)
김성용 (송림초등학교)	박수현 (영일초등학교)
김소윤 (구미 옥계동부초등학교)	박영미 (고양초등학교)
김소현 (동인초등학교)	박장수 (분당 구미초등학교)
김수빈 (김천 동신초등학교)	박진혁 (장지초등학교)
김수연 (화홍초등학교)	박효정 (일산 냉천초등학교)
김승연 (나산초등학교)	박훈민 (행현초등학교)
김예지 (경기초등학교)	방민혁 (창동초등학교)
김윤아 (분당 구미초등학교)	배원빈 (창경초등학교)
김율 (수원 잠원초등학교)	백가은 (파주 와동초등학교)
김주성 (파주 와동초등학교)	서정민 (일산 냉천초등학교)

신정환 (구운초등학교)	이성로 (고산초등학교)
신하연 (중앙초등학교)	이슬기 (대구 수창초등학교)
신현아 (대현초등학교)	이영제 (이동초등학교)
안지우 (일산 냉천초등학교)	이우린 (명원초등학교)
오준석 (대구 성북초등학교)	이은서 (인천 길주초등학교)
오현지 (인수초등학교)	이인서 (동천초등학교)
원양재 (와우초등학교)	이재선 (경산 사동초등학교)
위광재 (창동초등학교)	이재현 (분당 구미초등학교)
유다현 (연성초등학교)	이정우 (개봉초등학교)
윤수아 (삼전초등학교)	이지원 (부산 을숙도초등학교)
윤영관 (화순 만연초등학교)	이지원 (분당 구미초등학교)
윤재윤 (광주 봉선초등학교)	이지원 (하백초등학교)
윤정용 (대구 경진초등학교)	이지윤 (동원초등학교)
윤지원 (검산초등학교)	이창하 (도신초등학교)
윤진욱 (율현초등학교)	이창현 (도신초등학교)
윤현수 (분당 구미초등학교)	이태훈 (인천 부현동초등학교)
이다연 (분당 구미초등학교)	이한빈 (김해 금동초등학교)
이다연 (창동초등학교)	임정현 (분당 구미초등학교)
이득균 (중평초등학교)	임채현 (소야초등학교)
이모니카 (영문초등학교)	전민석 (안산 관산초등학교)

정예준 (반원초등학교)	최연지 (을지초등학교)
정예지 (석호초등학교)	최예은 (평택 중앙초등학교)
정윤성 (대전 유천초등학교)	최재우 (수원 일월초등학교)
정지우 (대도초등학교)	추수민 (화남초등학교)
정현지 (포항 대흥초등학교)	한슬기 (제천 중앙초등학교)
조윤휴 (용인 신봉초등학교)	한현 (신남초등학교)
주아현 (배봉초등학교)	홍정민 (옥정초등학교)
주호연 (분당 구미초등학교)	홍종원 (광주 매곡초등학교)
최나윤 (송림초등학교)	황규빈 (분당 구미초등학교)
최민기 (을지초등학교)	황무권 (행현초등학교)

● 이 책에 실린 사진들

29쪽 쿠라타스-Getty Images/멀티비츠, 31쪽 일렉트로-위키디피아, 35쪽 에버윈-연합뉴스, 47쪽 아시모-Wikipedia, 59쪽 로봇 청소기-연합뉴스, 61쪽 86쪽 팩봇-연합뉴스, 62쪽 티호크-Wikipedia, 63쪽 쿠인스-아이베리, 70쪽 휴 허교수-연합뉴스, 73쪽 쿠라타스-Getty Images/멀티비츠, 93쪽 빅독-Wikipedia, 94쪽 견마로봇-연합뉴스, 95쪽 프레데터- Wikipedia, 95쪽 시글라이더-Wikipedia, 121쪽 로봇 박물관-시몽포토, 121쪽 로보 파크-시몽포토, 139쪽 소저너-Wikipedia, 141쪽 큐리오시티-연합뉴스, 151쪽 자격루 복원-시몽포토, 161쪽 실벗-연합뉴스, 162쪽 잉키-연합뉴스, 163쪽 메로-연합뉴스
기타사진 오준호 박사 제공